CB080538

O vivível e o invivível

FUNDAÇÃO EDITORA DA UNESP

Presidente do Conselho Curador
Mário Sérgio Vasconcelos

Diretor-Presidente / Publisher
Jézio Hernani Bomfim Gutierre

Superintendente Administrativo e Financeiro
William de Souza Agostinho

Conselho Editorial Acadêmico
Júlio Cesar Torres
Luís Antônio Francisco de Souza
Marcelo dos Santos Pereira
Maurício Funcia de Bonis
Patricia Porchat Pereira da Silva Knudsen
Ricardo D'Elia Matheus
Sílvia Maria Azevedo
Tatiana Noronha de Souza
Trajano Sardenberg

Editores-Adjuntos
Anderson Nobara
Leandro Rodrigues

JUDITH BUTLER
FRÉDÉRIC WORMS

O vivível e o invivível

Uma conversa iniciada por Arto Charpentier e Laure Barillas

Tradução
Beatriz Zampieri
Carla Rodrigues

editora
unesp

Le Vivable et l'invivable
© 2021 Judith Butler e Frédéric Worms
Todos os direitos reservados.

© 2025 Editora Unesp

Direitos de publicação reservados à:
Fundação Editora da Unesp (FEU)
Praça da Sé, 108
01001-900 – São Paulo – SP
Tel.: (0xx11) 3242-7171
Fax: (0xx11) 3242-7172
www.editoraunesp.com.br
www.livrariaunesp.com.br
atendimento.editora@unesp.br

Dados Internacionais de Catalogação na Publicação (CIP) de acordo com ISBD
Elaborado por Vagner Rodolfo da Silva – CRB-8/9410

B985v Butler, Judith

O vivível e o invivível: uma conversa iniciada por Arto Charpentier e Laure Barillas / Judith Butler, Frédéric Worms; traduzido por Beatriz Zampieri, Carla Rodrigues. – São Paulo: Editora Unesp, 2025.

Tradução de: *Le Vivable et l'invivable*
Inclui bibliografia.
ISBN: 978-65-5711-309-7

1. Filosofia. 2. Direitos humanos. 3. Poder. 4. Vivibilidade. 5. Invivibilidade. 4. Judith Butler. I. Worms, Frédéric. II. Zampieri, Beatriz. III. Rodrigues, Carla. IV. Título.

CDD 100
2025-4372 CDU 1

Editora afiliada:

Asociación de Editoriales Universitarias de América Latina y el Caribe

Associação Brasileira de Editoras Universitárias

Sumário

Prefácio[1]

"Isto não é uma vida." Em março de 2018, quase dois mil imigrantes viviam em acampamentos no norte de Paris, espalhados às margens do canal, nas fronteiras do anel viário parisiense, sob estradas e pontes. Dormiam em tendas ou cobertores, sem acesso a alimentos e água, persistindo em condições de extrema privação.

1 Para chegar à primeira edição do livro, publicado na França pela editora Presses Universitaires de France, a conversa, que transcorreu em inglês, foi transcrita, editada e traduzida para o francês por Christophe Beslon. Worms e Butler revisaram e enriqueceram suas respostas para a publicação final. O diálogo inicial pode ser escutado em https://savoirs.ens.fr/expose.php?id=3467 (acesso em: jul. 2025) e também foi usado por nós como fonte de consulta em caso de dúvida, mesmo considerando que o texto não é mera transcrição do áudio. O prefácio e a introdução de Laure Barillas e Arto Charpentier foram escritos em francês e traduzidos por nós também do francês. O livro publicado em inglês foi traduzido por Zakiya Hanafi e tomado por nós como base para trazer ao português as duas rodadas de conversa entre Worms e Butler, que foi atualizada em 2022 e consta como posfácio apenas na edição norte-americana. Há muitos pensadores e pensadoras da tradução defensores do argumento de que o texto original não existe.

"Isto não é uma vida", teriam dito, denunciando sua condição. Embora esta não seja uma vida, é uma vida porque, mesmo que não seja vivível, ela não deixa de ser vivida: é uma vida invivível, mas ainda assim *vivente*. Nos termos de Judith Butler, "esta vida será uma vida *viva*, e essa duplicação significa que ela ainda não foi extinta, que continua a reivindicar seu caráter vivente":[2] as condições necessárias à continuidade de sua presença e atividade devem ser asseguradas aqui e agora. Frédéric Worms nos lembra da necessidade de uma "hospitalidade vital" irredutível à sobrevivência. Essas situações exigem "a instituição de um *direito mínimo entre os humanos* que preserve um mínimo absoluto em todas as esferas de relações entre a humanidade, a vida e, também, o direito".[3]

Como afirma Butler, falar de vidas invivíveis significa fazer referência a uma "contradição conceitual que, no entanto, se

---

Walter Benjamin, em *A tarefa do tradutor*, e Jacques Derrida, em *Torres de Babel* – dois filósofos que comparecem como interlocutores de Butler –, são bons exemplos dessa proposição. Cada filósofo e filósofa opera com um vocabulário próprio, uma trama conceitual que constitui seu pensamento, exigindo um conhecimento específico do seu idioma filosófico, para além da língua. Neste trabalho, cotejamos os dois idiomas, traduzindo de dois livros que já são traduções. Temos, portanto, quatro autores circulando entre o inglês e o francês e quatro tradutores no mesmo movimento, sendo que nós acrescentamos o português a essa circulação. Para mais sobre a tarefa de traduzir, permitimo-nos nos referir a Rodrigues, Carla, Isso que permanece irredutível no trabalho de luto e na tarefa de tradução. *Revista Ítaca*, n.41, 2024. Disponível em: https://revistas.ufrj.br/index.php/Itaca/article/view/65088. Acesso em: 16 jul. 2025. (N. T.)

2 Butler, *A força da não violência: um vínculo ético-político*, p.150.

3 Worms, *Pour un humanisme vital. Lettres sur la vie, la mort et le moment présent*, Carta 43, p.271.

vive", tornando essa contradição um instrumento para a crítica política e social. Descrever tais vidas como invivíveis implica afirmar que elas não deveriam ser vividas, ou, pelo menos, não dessa forma; em outros termos, significa denunciar o escândalo ao qual estão sujeitadas, expressando a necessidade urgente de uma reparação.

Este é o contexto da conversa entre Judith Butler e Frédéric Worms, em 11 abril de 2018, na École Normale Supérieure (ENS), em Paris.[4] Essa conversa se desdobrou de uma reflexão iniciada em 2015[5] e foi retomada no ano seguinte na Universidade da Califórnia, em Berkeley.[6] Ao confrontar suas abordagens filosóficas, Butler e Worms evocam a possibilidade de transformar essa emergência vital em determinada reivindicação positiva capaz de criar uma nova norma de ação política: assegurar as condições para uma vida vivível a todos e todas.[7]

---

4 Essa conversa aconteceu na ENS-PSL, no âmbito do Centro Internacional de Pesquisa em Filosofia Francesa (International Center for the Study of Contemporary French Philosophy – CIEPFC), que integra o grupo de pesquisa 3608 République des savoirs.

5 A gravação desse encontro está disponível no site do Savoirs ENS, com o título "Penser avec Judith Butler" [Pensar com Judith Butler]. Disponível em: https://savoirs.ens.fr/expose.php?id=2272. Acesso em: 16 jul. 2025.

6 O encontro, intitulado "Living today: the need for a critical vitalism", foi organizado pelo Programa de Teoria Crítica da Universidade de Berkeley.

7 Agradecemos profundamente a Claire Marin, cuja contribuição tornou possível este livro.

Introdução
Para situar a discussão

Laure Barillas e Arto Charpentier

Quais são as fontes que uma filosofia social e política crítica pode encontrar em uma filosofia do vivente hoje? Tal é o pano de fundo das trocas entre Judith Butler e Frédéric Worms, realizadas na École Normale Supérieure, em Paris, em abril de 2018.[1] O encontro se deu em torno de um tema comum – o vivível e o invivível – e joga luz sobre o desenvolvimento de seus trabalhos em direções opostas: a partir de uma reflexão filosófica sobre o vivente, inspirada em sua leitura de Henri Bergson e George Canguilhem, Frédéric Worms estabeleceu as bases de um "vitalismo crítico"[2] que encontrou no cuidado o motivo de um pensamento político e mesmo cosmopolítico; já Judith Butler, inspirada em Hegel e Foucault, partiu de uma crítica das normas sociais e políticas e de seus efeitos

1 Essa conversa foi precedida de uma entrevista radiofônica gravada no mesmo dia para o programa *Matière à Penser*, transmitido pela France Culture, em 14 de maio de 2018.

2 Ver Worms, Qu'est-ce qui est vital, *Bulletin de la Société Française de Philosophie*, 2007, e Pour un vitalisme critique, *Esprit*, n.1, 2015, p.15-29.

de assujeitamento,[3] que ela estendeu a uma interrogação acerca da precariedade das vidas humanas, predominante hoje no que ela chama de ontologia social do corpo vivente.[4] Do vivente ao social, em Worms, e do social ao vital, em Butler: essa trajetória em quiasma em torno de um problema comum – a vida e o poder – está no coração do nosso questionamento.

O diálogo a respeito do invivível sublinha isso muito bem: para os dois, o gesto de crítica social e política se enraíza no corpo e nas necessidades iminentes exigidas por esses corpos. Se, em suas obras recentes,[5] ambos se desviam de uma concepção existencial das vidas, é porque a "existência" os leva a estabelecer uma relação mais distante e menos urgente com o corpo do que "a vida" ou "o vivente". Assim, as suas reflexões políticas se enodam com um pensamento da vida. Se nenhum dos dois vai chegar a propor um rol de necessidades essenciais para o corpo e a alma, como faz Simone Weil, nem por isso deixam de formular uma aspiração normativa capaz de orientar a política: garantir a cada um e a cada uma as condições para uma vida vivível (sem, no entanto, prescrever o que essa vida deve vir a ser).

Ora, desde que fizeram da distinção entre o vivível e o invivível a orientação normativa das suas críticas sociais e políticas,

---

3 Ver, principalmente, Butler, *Problemas de gênero: feminismo e subversão da identidade* e *Desfazendo o gênero*.

4 Referimo-nos em particular a Butler, *Quadros de guerra: quando a vida é passível de luto?* e *Corpos em aliança e a política das ruas: notas para uma teoria performativa da assembleia*. A formulação mais recente de sua ontologia social do vivente se encontra no *post-scriptum* de seu livro *A força da não violência: um vínculo ético-político*.

5 Ver Worms, *Corpos em aliança*; *A força da não violência*; *Les Maladies chroniques de la démocratie* e *Pour un humanisme vital*.

Butler e Worms foram necessariamente confrontados com uma série de questões: como distinguir o vivível e o invivível? Sobre quais critérios se apoiar para operar essa distinção? E como justificar a escolha de tais critérios? Existe aí um jogo decisivo para um gesto filosófico como o dele e o dela: de fato, desde que apoiaram seu gesto de crítica social e política sobre a partilha entre o vivível e o invivível, eles não podem precisar sobre que bases operam essa distinção. Nosso esforço será, portanto, o de situar esse diálogo no desenvolvimento de seus pensamentos, examinando como suas filosofias sociais e políticas singulares são conduzidas a fim de provar suas questões vitais; e como, em contrapartida, uma reflexão sobre o vivente humano fornece hoje a suas filosofias sociais e políticas os recursos para se orientar.

Do vital ao social: o vitalismo crítico de Frédéric Worms, entre polaridade e cuidado

O que é o "vitalismo crítico" de Frédéric Worms e em que ele permite sustentar uma filosofia crítica social e política? Herdeira do vitalismo de Bergson e de Canguilhem, a filosofia de Worms se apoia também na psicanálise, a de Freud e de Winnicott, e nas éticas do *care*, fontes para pensar as relações entre os viventes humanos. Seu problema central é compreender o sentido vital das relações morais e políticas entre os humanos. Seu método é o da crítica, à qual Worms atribui três sentidos:[6]

6 Ver Worms, *Pour un humanisme vital. Lettres sur la vie, la mort et le moment présent*, Carta 3 "Une philosophie (le vitalisme critique)", p.29.

primeiro, como *refutação*, já que, na sua filiação a Bichat,[7] define a vida como o que resiste à morte; também como *discernimento*, já que não se conhece a vida senão pela intermediação das diferenças entre os viventes; e, enfim, como reflexividade, já que ele procura um critério ético e político para pensar o vital em si.

O vitalismo crítico se articula em torno de dois conceitos centrais, a polaridade e o cuidado. A polaridade, como a crítica, se dirige diretamente ao corpus teórico de Canguilhem. Em *O normal e o patológico*, o autor define a vida como uma atividade crítica, no sentido em que ela é uma posição de valores imanentes.[8] Para Canguilhem, o organismo vivo é um ser fundamentalmente normativo: pelo seu próprio movimento, ele institui uma polaridade entre as condições que são favoráveis à continuação de sua vida e se veem afetados por um valor vital positivo, e os que são contrários à sua atividade e recebem um valor negativo. Existe, segundo Canguilhem, uma normatividade imanente do vivente. Por meio do seu "vitalismo crítico", Worms herda e estende o gesto de Canguilhem ao sugerir que é precisamente sobre essa normatividade vital que a reflexão filosófica deve se regular, inclusive quando se trata de questões sociais e políticas.

Portanto, o vitalismo crítico faz da vida um fenômeno polarizado, atravessado por uma série de tensões, irredutível a toda substância ou princípio único. Para Worms, o vital remete menos ao elã vital bergsoniano e mais ao mínimo vital:[9] a garantia social

---

7 Referência ao médico e filósofo Xavier Bichat (1771-1802). (N. T.)

8 Canguilhem, *O normal e o patológico*.

9 Em muitos momentos da conversa com Judith Butler, Frédéric Worms recorre à noção de "mínimo vital" – ou, simplesmente, "mínimo", como em "fato mínimo" e "direito mínimo" – para afirmar a existência

e política dos mínimos vitais que tornam as vidas vivíveis. Worms articula três principais polaridades, sobre as quais se fundamenta a atividade crítica: entre a vida e a morte, entre o vínculo e a violação e entre o cuidado e o poder. Essas polaridades não são "exteriores, entre a vida e outra coisa, mas polaridades internas e mesmo consubstanciais à vida como tal":[10] de fato, não existe vivente que não seja mortal, não existem relações de vínculos que não sejam exemplos do risco da violência e da violação, nem práticas de cuidado e de solicitude que não sejam atravessadas por jogos de poder. De maneira que, fiel à normatividade vital, se o vitalismo crítico se aloca resolutamente ao lado da vida, do vínculo e do cuidado, ele reconhece, entretanto, que essas são tensões constitutivas e insuperáveis. É essa ambivalência própria a todo fenômeno vital que convoca o conceito de polaridade, como o de crítica, e ao qual o cuidado vem responder.

De fato, o conceito de cuidado é dotado do vitalismo crítico para que se possa compreender as relações sociais dos viventes. O cuidado não se limita nem às éticas do *care* nem à teoria do *holding* (sustentação), desenvolvida por Donald Winnicott. As teorias do *care*, em particular a formulada por Carol Gilligan,

---

de uma instância ética irredutível. Para Worms, o mínimo não diz respeito ao que é meramente necessário para a sobrevivência, e sim às condições fundamentais e incondicionais para a vida em comum – como o autor argumenta em "Les *minima* de la vital-démocratie", mencionado no posfácio deste livro. A saúde, o cuidado, o reconhecimento são alguns desses mínimos necessários para a existência do que Worms chama de *democracia vital*. A esse respeito, ver Worms, *Les maladies chroniques de la démocratie* e *Les* minima *de la vital-démocratie: une orientation politique*.

10 Worms, La vie dans la philosophie du XXe siècle en France, *Philosophie*, v.109, n.2, p.74-91, 2011.

convocam a necessidade de alocar o cuidado do outro e a vontade de lhe oferecer segurança e sustentação no coração da teoria da justiça, e não em sua margem. Por sua vez, Winnicott convoca a levar em conta todas as dimensões do cuidado, inclusive as psíquicas e políticas que tornam possível a emergência do sujeito por atos de "suportar", "sustentar" e "apresentar ao mundo".[11] À polaridade do vital e do mortal de Canguilhem se soma a da criação e a da destruição, inspirada por Winnicott. A dimensão crítica do vitalismo de Worms o leva a considerar as relações ao mesmo tempo como o que destrói ou domina e o que cria e sustenta. Worms define o cuidado como uma "relação entre homens, subjetiva e mesmo criadora de subjetividade (sem a qual não seríamos indivíduos), uma relação moral, mas também social e, portanto, já política, uma relação ao mundo e mesmo um cuidado do mundo, tão natural quanto cultural, tanto ecológica quanto política".[12] Ele desenvolve um pensamento social e político do cuidado que sempre excede o enquadramento da medicina ou da relação parentalidade-infante, e abre uma reflexão ética e política mais geral sobre a justiça; de fato, se o cuidado é segurança e sustentação, é também trabalho, que exige ser reconhecido, e é também poder, que precisa ser criticado. Compreende-se assim que a privação do cuidado, em todas as suas dimensões (sustentação, trabalho, solidariedade, atenção), torna a vida invivível. A possibilidade do cuidado, na medida em que ela implica também instituições políticas e sociais que o sustentam, é o primeiro critério da

11 A esse respeito, pode-se ler o artigo de Worms, À quel soin se confier? In: Marin (dir.), *À quel soin se fier? Conversations avec Winnicott*, p.37-48.

12 Worms, *Soin et politique*, p.5.

vivibilidade de uma existência. Uma vida desprovida de cuidado é, por sua vez, um corpo cuja sobrevivência corre perigo, uma subjetividade danificada, os princípios da justiça solapados e o bloqueio da atenção do mundo. Worms descreve a profunda relação de solidariedade que liga o cuidado à política como "cuidado do cuidado, sustentação da sustentação, reconhecimento das relações de reconhecimento, poder sobre as relações de poder".[13] É assim que se percebe a ligação estabelecida por ele entre o cuidado e a democracia: para Worms, o cuidado é entendido como salvaguarda e se expande com um alcance ecológico e cosmopolítico em um cuidado contemporâneo com a justiça e com o mundo.

Vidas precárias e crítica social em Judith Butler: do social ao vital e de volta ao começo

Se Judith Butler encontra em seu trabalho questões relativas ao vivente, é por um outro viés, o de uma reflexão política sobre o que o poder e as normas sociais fazem aos corpos viventes. Desde seus primeiros trabalhos sobre gênero,[14] Butler se comprometeu a demonstrar como certas normas sociais excluem indivíduos e grupos inteiros da possibilidade de um verdadeiro reconhecimento social, privando-os dos meios necessários para uma existência vivível. De fato, segundo Butler, aqueles e aquelas que são excluídos das normas sociais dominantes não estão simplesmente sujeitos a uma desqualificação simbólica e moral, eles sofrem também com formas variadas

13 Ibid., p.43.

14 Ver *Problemas de gênero* e *Desfazendo o gênero*.

de discriminação que os expõem de maneira acirrada às formas de insegurança social e econômicas, quando não também a injúrias, ataques e múltiplas violências. Nas filigranas de seus primeiros trabalhos sobre a regulação social do gênero, aparece assim uma reflexão sobre a precariedade das vidas que será desenvolvida e aprofundada em seguida.[15] Por meio do conceito de precariedade, Butler se compromete a descrever como certas populações são ativamente sustentadas, defendidas, protegidas, enquanto outras são abandonadas ou expostas a deliberados riscos de sofrimento, doença, violência e morte. Esses riscos não pertencem a uma simples fatalidade natural; são resultado de dinâmicas sociais e políticas que atestam o valor diferencial atribuído às vidas humanas em uma dada sociedade. Se para Butler todas as existências são precárias, algumas o são mais do que outras, de maneira que nunca é preciso separar a reflexão sobre a precariedade e a vulnerabilidade, enquanto condição existencial compartilhada, das lógicas sociais e políticas que vulnerabilizam e precarizam certas populações, colocando em risco sua esperança de vida.[16]

---

15 Ver Butler, *Vida precária: os poderes do luto e da violência* e Fassin, *La Vie. Mode d'emploi critique*.

16 Aqui, a noção de expectativa de vida deve ser entendida não apenas em sua concepção demográfica usual, a saber, o tempo médio de duração de uma vida, mas também como uma acepção psicológica e existencial. A expectativa de vida remete, assim, à capacidade de um vivente de se projetar no futuro com confiança, ou ainda com isso que Butler chama de "um senso profundo de manutenção da vida individual: como a vida é mantida, como a vida é viável, com que grau de sofrimento e esperança" (Butler, *Corpos em aliança e a política das ruas: notas para uma teoria performativa da assembleia*, p.27-8). Para análises convergentes sobre

Contra a exclusão de princípio de tudo que se liga ao corpo vivente e às suas condições de preservação fora da esfera pública (e sua relegação a uma esfera privada, supostamente apolítica), Butler nos convida, ao contrário, a reconhecer "a dependência e a necessidade corporal; a fome e a necessidade de abrigo; a vulnerabilidade às agressões e à destruição; as formas de confiança social que nos permitem viver e florescer; e as paixões ligadas à nossa persistência como questões claramente políticas".[17]

Aos seus olhos, é o que ilustram as mobilizações recentes contra a precariedade, que ela analisa em *Corpos em aliança e a política das ruas*. Do Occupy Wall Street ao movimento Black Lives Matter, passando pelas mobilizações contra violências de gênero, esses movimentos diferem em seus objetivos e modalidades. No entanto, têm em comum a formulação de suas reivindicações "em nome do corpo vivente, de um corpo que tem o direito de viver, de persistir e mesmo de florescer" ao longo do tempo; assim, colocam a questão da "vida vivível no primeiro plano da política".[18]

Segundo Butler, a política não pode, portanto, não se encontrar com as questões vitais; e, ao contrário, depois de *Vida precária*, Butler não hesita em interrogar que fontes podem lhe fornecer uma reflexão sobre nossa condição de seres viventes. Assim, em *Quadros de guerra*, ela propõe uma "ontologia social" do corpo, que visa descrever as condições relacionais da nossa

---

a maneira com que a expectativa de vida reflete o valor social desigual das vidas humanas, ver Didier, *Life: A Critical User's Manual*.

17 Butler, *Corpos em aliança e a política das ruas: notas para uma teoria performativa da assembleia*, p.131. Tradução modificada.

18 Ibid., p.24. Tradução modificada.

existência encarnada.[19] Para Butler, um vivente humano (e talvez um vivente em geral) é sempre ex-estático, no sentido em que ele está necessariamente "fora" ou "além" de si mesmo: ele não pode sobreviver nem florescer sem ser sustentado por um conjunto de relações heterogêneas que fornecem as condições de persistência de sua atividade.[20]

Assim, falar de ontologia social é o meio pelo qual Butler reconduz o corpo vivente às suas condições materiais, infraestruturais, intersubjetivas, e mais genericamente sociais e ambientais, sem as quais esse corpo não pode esperar nem sobreviver nem florescer. É assim que um pensamento do vivente vem estabelecer e sustentar seu gesto de crítica social e política. Em *A força da não violência*, Butler afirma a vulnerabilidade e a interdependência como traços insuperáveis dos viventes que somos e se esforça em elucidar as obrigações éticas e políticas que decorrem daí. Aí está, finalmente, a exigência crítica que, como Butler argumenta em *Quadros de guerra*, deve servir de norma para a ação política:

> [...] assegurar as condições para vidas vivíveis, e a fazê-lo em bases igualitárias. Isso implicaria compromissos positivos no sentido de oferecer os suportes básicos que buscam minimizar a precariedade de maneira igualitária: alimentação, abrigo, trabalho, cuidados médicos, educação, direito de ir e vir e direito de expressão, proteção contra os maus-tratos e a opressão.[21]

---

19 Butler, *Quadros de guerra*, p.15.
20 Id., *Corpos em aliança*, p.124.
21 Id., *Quadros de guerra*, p.41.

A democracia dos viventes

A despeito de seus pontos de partida opostos, Worms e Butler se reúnem hoje para apoiar suas reflexões sociais e políticas sobre uma filosofia social do vivente (social no sentido em que essa filosofia nunca separa o vivente das configurações relacionais e dos arranjos institucionais historicamente situados, que condicionam sua persistência e sua atividade). Os dois julgam que a "interdependência de uns em relação aos outros" exige "uma organização política do todo",[22] quer dizer, um conjunto de instituições e de condições sociais, econômicas e políticas que assegurem a cada pessoa as condições de uma vida vivível – e os dois consideram que essa exigência é o que define a democracia não apenas como um regime político, mas ainda mais amplamente como uma forma de vida. Em *Corpos em aliança*, Butler afirma que não saberia como ter uma verdadeira democracia se as condições de uma igualdade radical entre as vidas humanas não estivessem postas e que, ao contrário, a primeira responsabilidade de um governo democrático é precisamente a de assegurar e de reforçar as condições necessárias a essa igualdade.[23] Quanto a Worms, ele se refere a

---

22 Worms, *Soin et politique*, p.16.

23 No texto em francês, os autores se referem a uma passagem de *Corpos em aliança* (p.69-71) em que Butler propõe que só uma democracia radical e igualitária poderia desfazer a distinção entre vida vivível e invivível. O argumento, que começa a ser elaborado em *Vida precária*, permanecerá nos livros subsequentes. Na edição norte-americana, há uma divergência em relação à edição francesa, e a referência aponta para *Quadros de guerra*, livro em que também se pode encontrar a proposição, em especial na introdução "Vida precária, vida passível de luto", p.39-40 e 53-5. (N. T.)

"democracia vital", ao considerar que "a democracia é como a vida":[24] não apenas uma forma de governo político, a democracia é sobretudo uma aspiração moral e social que deve atravessar todas as relações humanas. A democracia é vital na medida em que ela é requisitada pelo cuidado; de fato, pelo cuidado "não se manterá apenas qualquer pessoa, mas o mundo, não apenas alguns, mas cada um, todo cada um, todo o mundo".[25] A democracia, assim como cuidado, é o único enquadramento político que garante ao sujeito a possibilidade de ser um eu,[26] que sustenta a dimensão relacional de sua existência, um bastião contra todas as violações que o ameaçam. Dito de outro modo, democracia e cuidado compartilham a dupla exigência de igualdade e justiça. A democracia é, assim, o regime no qual as vidas recebem a mesma dignidade e sustentação para subsistir e florescer. Porém, sugere Worms, assim como o cuidado pode se converter em maus-tratos, a democracia pode tornar as vidas invivíveis. São o que ele chama de "doenças crônicas da democracia, o cinismo, o racismo e o ultraliberalismo, que privam

---

24 Worms, *Les maladies chroniques de la démocratie*, ver introdução.

25 Id., *Revivre*, p.309.

26 Em traduções anteriores, sempre que possível, "*self-*", quando aparece como prefixo, tem sido transportado para o prefixo em português "auto-", enquanto "*self*", substantivo, vem sendo traduzido como "si mesmo", seguindo, por exemplo, a solução de "*soi-même*", do francês, opção bem estabelecida na língua portuguesa em diferentes contextos filosóficos. No entanto, nesta conversa, optamos por seguir a solução adotada em *Despossessão: o performativo na política*, em que "*self*" é, preferencialmente, traduzido por "eu", a fim de enfatizar o vínculo direto com o "tu". Essa solução se estende a esse livro e procura levar em conta o caráter dialógico do texto. A esse respeito, ver Butler, *Despossessão: o performativo na política (Conversas com Athena Athanasiou)*. (N. T.)

certas vidas das condições necessárias de apropriação da existência".[27] A polaridade inerente à democracia é, portanto, seu risco permanente de regressão e de violação contra o qual é preciso uma luta incessante.

Sobre a base de seu vitalismo crítico, Worms propõe finalmente revisitar os valores da democracia: fraternidade (considerada como o reconhecimento dessa interdependência vital à qual estamos obrigados) deve desembocar em uma luta pela igualdade entre as vidas, que não tem em si mesma outra finalidade além da liberdade (ou a autonomia) de cada um.[28] Butler compartilha essa exigência de liberdade como condição de uma vida vivível. Para ela, a democracia, enquanto forma de vida compartilhada, exige um esforço para assegurar a cada pessoa as condições de uma vida vivível, sem, no entanto, prescrever, por antecipação, o que deve ser essa vida. Donde sua preferência pelo termo salvaguarda, mais do que preservação: "salvaguardar não é exatamente a mesma coisa que preservar",[29] como ela delimita em *A força da não violência*, ainda que a primeira atividade implique a segunda: preservar uma vida significa protegê-la

27 Worms, *Les maladies chroniques de la démocratie*.

28 Sobre a reinterpretação da tríade liberdade, igualdade e fraternidade a partir do vitalismo crítico, ver Worms, *Soin et politique*, p.35-6.

29 Butler, *A força da não violência: um vínculo ético-político*, p.83. Tradução modificada. Butler continua esse trecho diferenciando "salvaguardar" e "preservar": "salvaguardar não é exatamente o mesmo que preservar", afirma, "embora o primeiro termo pressuponha o segundo: preservar tenta assegurar uma vida que já existe; salvaguardar assegura e reproduz as condições do devir, do viver, do porvir, em que o conteúdo dessa vida, desse viver, não pode ser nem prescrito nem previsto, e a autodeterminação emerge como um potencial". (N. T.)

como ela é, salvaguardar uma vida implica protegê-la do que é suscetível de acontecer, em um contexto em que o conteúdo dessa vida, seu modo de vida, não pode ser nem prescrito com antecedência e onde a autodeterminação emerge como um potencial. A aspiração democrática inclui assim a preocupação de assegurar a cada vivente a possibilidade efetiva de decidir por si mesmo, sem interferência ilegítima, pelas modalidades concretas de sua existência e de seu florescimento. Segundo Butler, a possibilidade de criação e de experimentação são exigências definitivas do vivente. "Sem uma abertura para o futuro, a vida é meramente existir, não é viver", escreve ela.[30]

*

Judith Butler e Frédéric Worms ancoram suas reflexões sociais e políticas em um pensamento do que o vivente, em sua precariedade e fragilidade, exige de nós. Ele e ela julgam que o reconhecimento da relacionalidade e da interdependência constitutivas da vida humana deve conduzir a formular uma exigência de igualdade radical entre os viventes humanos, que se traduz em um esforço democrático para garantir a cada um as condições de uma vida vivível, sem se pronunciar sobre a forma concreta que essa vida tomará.

Ao fazer de uma vida autenticamente vivível o horizonte normativo de suas filosofias práticas, os dois sinalizam em direção a uma politização da vulnerabilidade que visa às condições de uma solidariedade alargada entre os viventes, em um mundo igualmente vivível para todos; essa prática democrática,

30 Butler, *A força da não violência: um vínculo ético-político*, p.87.

em sua urgência e dificuldade, parece ser, por fim, a tarefa "desses viventes cuja vida aberta e frágil é orientada em direção à política, mas cuja política frágil e aberta permanece orientada para a vida".[31]

31 Worms, *Soin et politique*, p.44.

O vivível e o invivível

Arto Charpentier: “O que é o invivível?” – essa seria nossa questão preliminar. Vocês concordariam em defini-lo como aquilo com que não podemos viver ou perdurar?[1] Ao mesmo tempo, precisamos também investigar o vivível. Seria uma mera sobrevivência? Será que a vida precisa ser mais do que sobrevida para que seja realmente vivível? Se isso for verdade, qual seria o limite entre o vivível e o invivível? E quais seriam, para vocês, as implicações políticas e sociais dessa distinção?

1 “Perdurar” foi nossa escolha de tradução para designar o que no francês aparece como “*endurer*”, com o sentido de suportar as adversidades, e no inglês é traduzido por “*live through*”, com o mesmo significado de passar por experiências ou acontecimentos difíceis. Traduzimos essas condições mais agudas com esse termo para diferenciar de “sobreviver”, no francês “*survivre*” e no inglês “*living on*”, como indicação de apenas estar vivo, vivendo uma vida precária do ponto de vista material e subjetivo. Além disso, fazemos uma única distinção entre “sobrevivência” e “sobrevida”, termo usado para remeter a um tempo de vida que se sobrepõe à vida, um excesso que também é ausência de condição de viver uma vida vivível. (N. T.)

Frédéric Worms: É uma alegria ter a oportunidade de debater uma questão que percorre toda a obra de Judith, mesmo que não de maneira totalmente explícita. Acredito que este seja um problema em comum que tratamos a partir de perspectivas distintas, um problema que é, em algum sentido, *vital*.

Judith Butler: A questão do vivível e do invivível supõe uma estranha declinação do "vivente". Para resumir, o vivível é uma condição de vida que pode ser vivida, enquanto o invivível consiste em uma condição de vida que não pode ser vivida.

FW: Seria possível dizer "viável" – mas teremos a oportunidade de discutir a diferença entre viabilidade (em essência, puramente biológica) e vivibilidade (uma noção que não pode ser reduzida a um nível estritamente biológico, embora aponte para o que nos é *vital*).

JB: Sim. Em inglês, ao menos, os debates sobre a viabilidade do feto tornam o uso desse termo difícil, mas não impossível.

FW: Nossa questão é o critério que permite distinguir o vivível e o invivível, assim como a importância de definir este critério, já que todos parecem reivindicar a "invivibilidade" de determinada vida ou de determinada experiência – precisamos ser capazes de avaliar essas reivindicações. Ouvimos as pessoas dizerem com frequência: "Isto não é vivível", mas quem tem razão ao fazer tais afirmações?

Essa questão é importante por outro motivo, que se relaciona ao lugar que esses conceitos têm na filosofia e na obra política de Judith como um todo, a começar por *Problemas de gênero*. Nesse livro, há uma reivindicação feita em nome de certas vidas que, devido à sua condição política ou normativa, se tornaram "invivíveis". A partir daí, devemos nos perguntar: será que podemos – e como podemos – definir um critério capaz de distinguir entre o vivível e o invivível? Gostaria de começar essa conversa analisando três hipóteses diferentes. Recusarei totalmente a primeira; procurarei manter um aspecto essencial da segunda, que me parece central no argumento de Judith; pretendo, no entanto, completá-la com uma terceira hipótese que, na minha opinião, é indispensável para a definição do vivível e do invivível.

Serei breve em relação à primeira hipótese, que caracterizo por seu método. Em um primeiro momento, a melhor forma de distinguir entre o vivível e o invivível pareceria ser o argumento de que devemos confiar na descrição de uma experiência, de experiências particulares, para olhar o que acontece a nós ou a outras pessoas, e então dizer: "Isto é vivível; isto, por outro lado, não é vivível". Em síntese, chamo essa abordagem de fenomenológica. Agimos como se alguém pudesse descrever várias experiências e dizer então: "Isto é vivível" (ou mesmo "É assim que o vivível se parece") e, pelo contrário, "Isto não é vivível" (ou "É assim que o invivível se parece"). Esta seria a primeira metodologia, aparentemente espontânea, de chegar a uma distinção precisa entre o vivível e o invivível. Como vocês devem imaginar, acredito que essa abordagem está errada e se baseia em uma impossibilidade em princípio – creio que Judith concorda comigo nesse aspecto. Por que é uma impossibilidade em princípio? Por uma única razão que nos dá, em contraste, nosso primeiro critério para a definição do invivível. É uma primeira abordagem feita a partir de uma antítese, mas que nos fornece uma distinção essencial – com isso, quero dizer que seu oposto é verdadeiro: se algo não é vivível, isso quer dizer que ninguém pode vivê-lo e, portanto, descrevê-lo.

De fato, não há nenhuma maneira de pedir para que alguém descreva o invivível. Se uma pessoa é capaz de descrever essa experiência, então não é (o tempo presente importa) invivível. Isso nos dá uma pista fundamental acerca do critério para o invivível, que deve ser definido pela impossibilidade *para alguém, para um sujeito*, de viver. O invivível parece ser o fato mínimo necessário de que a vida não pode – ou não pode mais – ser a vida de alguém capaz de descrevê-la; não pode ser uma vida subjetiva, a vida de alguém que a vive. Este é o primeiro critério, que permanece negativo – mas esse termo não é, justamente, negativo? O invivível não é algo que pode ser vivido ou descrito por uma pessoa; ao contrário, é o que impede o próprio surgimento da vida, que impede que ela seja vivida. Esse é nosso primeiro critério, cuja força assinala sua importância.

Podemos inferir com isso a segunda hipótese, que também é uma definição do vivível e do invivível. Digamos que as condições de "vivibilidade" são as condições para a subjetividade. A condição de vivibilidade é a condição para que uma vida seja a vida *de qualquer pessoa*. O vivível começa com a possibilidade de que um "eu" apareça, que qualquer um possa "viver" o que é, então, "uma" vida ou "sua" vida. Essas condições podem ser psicológicas, sociais ou políticas, por exemplo, entrando no campo do que Judith chama de "reconhecimento" (seguindo o legado de outros, a começar por Hegel). Isso é fundamental, mas seria suficiente? Voltemos para a questão anterior.

Comecemos então pelo fato de que, para que uma vida seja vivível, precisa ser a vida *de qualquer pessoa*. A intersubjetividade – o reconhecimento de um sobre o outro como sujeito de "sua" própria vida – pode, e muito provavelmente participará, das condições para essa vivibilidade. O essencial, no entanto, consiste na pura e simples emergência de um "eu" que deve viver "sua" vida. Isso inclui os atos de representar, pensar, narrar e, claro, tornar essa vida reconhecível. Mas tudo isso depende de uma outra coisa, muito específica e radical: as condições de vivibilidade devem ser condições empíricas em um sentido mais amplo, mesmo que depois essas condições impliquem níveis. Essas condições não são apenas "biológicas", mas também psicológicas, sociais e políticas. A obra de Judith Butler é fundamental para compreender como a vida de "qualquer pessoa" pode ou não surgir de todos os tipos de condições. Graças, é claro, à sua ausência, negação ou destruição, as condições de vivibilidade definem seu oposto: a invivibilidade também é uma necessidade muito concreta.

Portanto, é preciso afirmar com força desde o início: a invivibilidade não é uma abstração teórica; o invivível é possível. Há vidas impossíveis de viver, e a questão que devemos considerar agora é se a invivibilidade se compara à morte. Em última análise, o que têm em comum a invivibilidade e a morte, como duas formas de tornar a vida impossível? Acredito que esta seja uma questão essencial, e pretendo voltar a ela. Mas, por enquanto, vamos nos orientar. O invivível e o vivível supõem condições subjetivas ou intersubjetivas, sociais, políticas, morais e, sem dúvida, linguísticas, entre outras. A impossibilidade de descrever o invivível aponta para este aspecto: o invivível também é indizível – e, mesmo quando queremos falar a respeito dessa condição, há no mínimo um desvio, um preço a se pagar, uma contradição que surge na própria linguagem; por outro lado, a invivibilidade tem, sem dúvida, a capacidade de se expressar, falar e, portanto, envolver a linguagem.

Isso nos traz ao que acredito ser o risco desse segundo momento, dessa segunda posição, se ela não for imediatamente complementada. É a questão que tenho tido a alegria de debater com Judith há algum tempo. Ela pode ser formulada de maneira muito simples: se compreendemos o vivível e o invivível como aquilo que pode ou não ser vivido por um sujeito, o que, então, resta da vida? Onde está a vida como tal? Essa é a pergunta que ainda deve ser respondida.

Devemos tomá-la como uma palavra; ou seja, compreendê-la como se fosse apenas uma questão de palavras. O critério que temos, então, é a emergência de um eu, um sujeito, qualquer pessoa. Mas esse é o critério do que chamamos de "vivível" em oposição ao invivível. Será que importa o fato do termo "invivível" estar etimologicamente ligado à "vida"? Essa é a questão. Judith pôs justamente essa questão quando perguntou: qual é a diferença – se é que há alguma diferença – entre o que é "invivível" ou "intolerável" e o que é vivível e tolerável? Aqui chegamos a um ponto bastante crítico: haverá algo específico ao invivível como tal, e o que é sua relação com a vida e com o que é vital? Será que podemos omitir a vida do critério de distinção entre o vivível e o invivível?

O fato de esse critério envolver aspectos psicológicos, sociais e políticos não significa que ele não seja, em última instância, vital. Também não significa que essa invivibilidade não deva ser pensada a partir de um modelo material ou biológico, no sentido estrito da vida de uma pessoa e seu oposto, a morte. O invivível deve ser um tipo de interrupção no que chamamos de vida corpórea ou condições vitais. Digamos, de partida, que o invivível deve envolver uma destruição do eu que se assemelha à morte – e se há uma analogia possível, não é que seja "menos" que a morte mas, na verdade, pior que a morte, justamente porque a vida continua, mas o que faz dela uma vida ou a permite está morto –, uma morte que se manifesta pela destruição, pelo desaparecimento e a interrupção da vida, é modelada na interrupção dos movimentos (em nossos cérebros) que definem a morte. O invivível deve ser algo semelhante e pior que a morte, já que a "vida" continua sem que "qualquer pessoa" possa vivê-la. A razão pela qual chamamos essa condição de invivível é porque ela se parece com a interrupção da vida, a interrupção de nossas condições vitais. Essa distinção não deve ser uma distinção de graus, mas de natureza – não quantitativa, mas qualitativa e crítica e, verdade seja dita, está no núcleo do que chamo de "vitalismo crítico".

É por isso que reivindico certa continuidade com o pensamento de Canguilhem e Bergson, autores que tomam a diferença qualitativa como ponto de partida. Canguilhem rejeitou a ideia de que a diferença entre "o normal e o patológico" pode ser compreendida por uma simples diferença de graus. Ou é absoluta, qualitativa e subjetiva, ou essa diferença não existe. A meu ver, isso se aplica à diferença entre o vivível e o invivível. Pode ser que, depois, existam graus. Bergson demonstrou isso claramente: uma vez que passamos de A a B, podemos reconstituir um caminho – os graus ou estágios entre os dois pontos. Mas, antes de medir os graus, é preciso estabelecer a diferença qualitativa, já que não é possível fazer o contrário. O mesmo acontece com a distinção entre o normal e o patológico que, de acordo com Canguilhem, consiste em uma polaridade subjetiva irredutível à diferença quantitativa: ainda que, no fim das contas, essa diferença possa ser traduzida em médias ou limiares, como nas análises biológicas.

Precisamos, portanto, de um critério qualitativo para o invivível; mas, em última análise e da mesma forma, já o temos: esse critério nos é dado pela oposição entre vida e morte, ou pela oposição da vida "à" morte, que se estende à vida "de qualquer pessoa". E isso acontece em uma interação "intersubjetiva" e literalmente vital, na medida em que permite ou não permite, influencia ou destrói, a emergência do "eu" de um vivente em particular que se relaciona com outros. Pode ser que isso se aplique a todos os viventes: talvez todo ser vivo seja uma "pessoa" que vive uma vida e, ao mesmo tempo, não a vive; uma pessoa que pode ser destituída das condições de vida enquanto permanece "viva", ou que pode "morrer" em um sentido muito concreto de que não "se" pode mais viver. Não é "a" morte, mas a "sua" morte. O que permite que a vejamos? Talvez o fato de que são pessoas que já não podem nos ver. O que é vivo nelas, portanto, está morto. Fizemos uso do mesmo critério para a vida que usamos para todas as outras funções vitais, em um sentido duplamente "crítico": um critério puramente qualitativo, polarizado; algo está ali ou não está; mas não pode ser reduzido a um só nível ou a uma só função.

Chegamos, então, ao coração do vitalismo crítico.

Precisamos de um critério para o vivível e o invivível que seja, ao mesmo tempo, vital e crítico. E isso nos remete ao vitalismo crítico, que toma a oposição entre a vida e a morte de maneira não literal ou (como Deleuze diria) não metafórica. Essa forma iria além da oposição entre o próprio e o figurado, mas (como teria dito Derrida) tomaria "mais de uma" forma.[2]

---

2 Na edição em inglês: "*We need a criterion that distinguishes between the livable and the unlivable that is both vital and critical. This brings us back to critical vitalism, which takes the opposition between life and death literally (in the sense that Deleuze gives to this term: beyond the opposition between the proper and the figurative,*

Na vida de qualquer pessoa vivente, e em particular dos viventes humanos, há mais de uma forma de morte, e é por isso que precisamos falar do invivível, que se traduz na morte do sujeito de quem era a vida. E da mesma maneira que, no sentido clássico do termo, podemos morrer de fome ou de frio, nossa vida pode ser tornada invivível (e, portanto, mortal) pela ausência de reconhecimento, pela depressão ou melancolia, por mais de uma causa, por mais de uma forma. E assim como a vida humana é cuidar dos vivos contra a morte, essa vida também consiste no cuidado do vivível contra o invivível, em providenciar as condições para uma vida vivível em todos os sentidos, em todas as dimensões vitais dos viventes humanos.

Existem três consequências para isso. Em primeiro lugar, fica claro que a invivibilidade deve continuar sendo modelada a partir da morte. A morte é o invivível, tanto no sentido objetivo quanto subjetivo. Epicuro demonstrou isto de maneira lógica: quando estamos mortos, não estamos mais vivos. Estar vivo e morto se opõem, se contradizem, abrindo espaço na filosofia para uma série de afirmações autoevidentes ou truísmos (o que chamamos, em francês, de "*verités de La Palice*") a que, curiosamente, parecemos retornar de novo e de novo. Como dizia La Palice: "Ele morreu na sexta-feira, o último dia de sua vida/ Se tivesse morrido no sábado, teria vivido mais". Sartre afirmou que "A morte nunca vai me pegar vivo", e Ricoeur escreveu: "Vivo até a morte". É como se essa contradição lógica pudesse e devesse ser assinalada a cada vez com um valor vital diferente.

---

beyond any metaphor or image), but which (as Derrida would have put it) sees 'more than one' form in it." A tradução do trecho cotejou o texto estabelecido com a gravação da conversa. (N. T.)

O invivível, no entanto, não é simplesmente a morte em geral. É uma forma específica de morte. Assim como não posso "viver" a morte, da mesma maneira e inversamente, quando não posso mais viver uma experiência isso é uma espécie de morte – porque a vida continua, mas "eu" não posso vivê-la: a experiência do invivível destruiu o sujeito da vida, o que Simone Weil chamou de "alma" em seu livro sobre a infelicidade.[3] Em última instância, o que está em questão não é alma, já que ela não pode ser destruída, e sim o sujeito vivente, que pode ser destruído. Da mesma maneira, quando Judith me perguntou se "levei a sério a expressão *morte social* como descrição da escravidão na obra de Orlando Patterson", respondi que sim, certamente. A "morte social" é, de fato, a forma de descrição mais precisa. Durkheim definiu o suicídio como um "fato social" que leva a determinada forma de morte social (segundo ele, anomia). No caso da escravidão, o senhor de escravos procurava destruir a subjetividade do escravizado. Em casos de violações extremas, a subjetividade pode, realmente, ser destruída. Compreendo que essa destruição seja, literalmente, uma forma de morte.

Isso nos leva ao que Derrida, seguindo Adorno e Lyotard, chama de "pior que a morte".[4] Há experiências semelhantes à morte que não apenas não são vivíveis, mas que são piores que a morte. O invivível é pior que a morte, porque, mesmo que sua vida continue, essa pessoa não pode vivê-la como sua, e sim

3 Weil, *Espera de Deus: cartas escritas de 19 de janeiro a 26 de maio de 1942*.

4 Worms se refere ao uso da expressão "pior que a morte", presente no texto "Un ver à soie", publicado na revista *Contretemps*, 2/3, 1998, p.48, em que Derrida descreve a passagem da lagarta à borboleta como um abandono de si, um veredicto em direção à morte que seria, para ele, pior que a própria morte. (N. T.)

como uma morte no interior da vida. Disso derivam as trágicas escolhas de fim de vida e as questões políticas: dilemas em que não há escolha entre a morte e algo pior que a morte.

Quem vive essas experiências não pode descrevê-las, e é precisamente por isso que os outros são obrigados a fazê-lo. Se falamos sobre essas experiências, não é porque temos a obrigação de descrever as vidas invivíveis daqueles que as vivem e, por definição, não podem falar delas.

Por fim, se existe algo pior que a vida, então deve haver algo mais que a vida e melhor que o vivível. O vivível não é uma norma definitiva. Queremos viver vidas que não sejam apenas vivíveis, mas também felizes e plenas. Queremos viver plenamente: viver com sentido, viver uma vida na qual todas as suas dimensões (biológica, intersubjetiva, criativa e simbólica) estejam unidas. Cada uma dessas dimensões pode ser destruída, e é essa possibilidade que o conceito de invivibilidade procura descrever. Há, então, algo além do vivível: mais do que a capacidade de se mover ou de evitar a morte, ter a capacidade de ser o sujeito criativo e social da vida.

Consequentemente, o oposto da destruição e do que é "pior que a morte" é algo "mais do que simplesmente viver", e que é, necessariamente, a criatividade no sentido de Donald Winnicott. Para ele, "o lugar em que vivemos" é espaço para uma criação ordinária em nossas vidas – essa zona fundamental e intermediária em que nossa subjetividade pode, mesmo que minimamente, transformar o mundo. Mas devemos enfatizar um último ponto: o lugar da crítica à vida como tal, em nosso ser vivente. A filosofia do vitalismo crítico inclui na vida uma polaridade negativa e, portanto, já que há graus no vivente, também inclui a tarefa negativa de criticar o que quer que ameace a "vivibilidade".

A invivibilidade pode ser individual, relacional ou comum; por exemplo, quando afirmamos o mundo como uma invivibilidade em comum que nos ameaça. O que é um mundo invivível? É um mundo que, por razões ambientais ou políticas, não é vivível para todos os viventes; a invivibilidade certamente não se restringe às vidas individuais.

Então, a questão que devemos debater com Judith, se concordamos com minha crítica à abordagem fenomenológica e às condições políticas e subjetivas da vida real, é a integração entre o vital e a crítica. Gostaria de finalizar esta fala retornando ao vital, já que a vida se faz presente em toda a obra de Judith Butler e nos títulos de vários de seus livros, como *Vida precária*. Mas será que devemos tomá-lo de maneira literal? Será que a oposição entre vivível e invivível é um conceito primário? Essa é minha pergunta.

JB: Agradeço a você, Frédéric; a vocês, Laure e Arto, pela introdução; e a todos vocês por estarem presentes aqui hoje. Frédéric sugere que tenho muitas respostas, mas não tenho tanta certeza disso. No entanto, fico muito feliz de pensar sobre suas questões e espero que isso nos seja útil em conversas futuras. Em primeiro lugar, Frédéric está absolutamente certo ao afirmar que existe uma questão persistente acerca da melhor forma de distinguir entre o vivível e o invivível, qual o critério usado para fazer essa distinção e como seria possível justificar o uso desse critério. De maneira geral, não tenho uma resposta pronta para essa questão, embora acredite que existam algumas respostas na análise que tento oferecer. Talvez uma das minhas tarefas seja pensar como extrair o critério implícito a essa análise, de forma que ele seja conceitualmente claro. Quando perguntamos sobre a distinção entre o vivível e o invivível, uma das questões – a mais fácil – seria: "como isso é conhecido?", ou "como sabemos a diferença entre o vivível e o invivível?". Mas quero reformular esse problema a partir das seguintes questões: como essa distinção é feita? Que tipo de juízo é utilizado quando se faz essa distinção? Quem faz esse juízo, e em relação a quem? Qual é a cena ou a situação em que, histórica e politicamente, esse juízo é feito reiteradamente, isto é, feito e contestado? Porque me parece que podemos citar muitos tipos de zonas geopolíticas em que a determinação legal se dá de forma que a situação do refugiado é absolutamente invivível, e as pessoas diriam: "Ah, estamos dando um jeito e tudo isso é, sabe, muito demorado: é uma pena, mas estamos providenciando abrigos...".

Então, bem, às vezes pode haver uma disputa para determinar a vivibilidade, os seus propósitos e o seu contexto institucional. Uma das minhas questões é: em que medida precisamos situar esse juízo, quem o faz e em que termos? E quais seus efeitos? Como acabo de dizer, as determinações legais poderiam ser uma das formas de fazer e contestar esse juízo. Isso, é claro, não seria tão filosófico quanto as distinções que você propôs entre o vivível e o invivível. No entanto, talvez precisemos analisar as diferentes práticas de julgamento atuais que fazem ou não essa distinção, tentando analisar de que maneira elas operam e se realmente funcionam. Isso significa que essa distinção não é meu ponto de partida, embora eu pergunte se ela participa das práticas de julgamento e se podemos discernir essa operação em tais práticas. Também me pergunto: mesmo que tenhamos de estabelecer um critério único – digamos que não evitei a sua questão e tentei respondê-la diretamente, digamos que cheguei a um critério único... E vou tentar fazer isso por você porque acho que vai te deixar feliz. (Risos.)

FW: Ótima ideia!

JB: Porque sou uma boa convidada. (Risos.)

Falando sério, mesmo que o encontrássemos, esse critério nos serviria apenas aqui e agora. Dito de outro modo: ele poderia ser uma contribuição teórica? Em que termos esse critério seria formulado? Qual diferença poderia inaugurar na linguagem de que participa? Essa diferença seria traduzível em todas as línguas? De outra maneira, será que ela reteria sua singularidade, ou terminaria apresentando novas variações? Quando digo "línguas", não quero dizer apenas as línguas naturais – como inglês e francês –, mas também práticas linguísticas que envolvem o entendimento de quem fala e para quem, sobre quem, em que situação, com que propósito, assim como o que acontece com a linguagem depois de entrar no mundo, o que algumas vezes – não sempre – pode ser plenamente antecipado.

Assim, esse é o primeiro conjunto de problemas suscitados por sua questão. Compreendo os motivos pelos quais você prefere deixar de lado a abordagem fenomenológica sem fazer a pergunta: "Existiria um sujeito capaz de descrever o invivível? E será que, então, dependeríamos da descrição desse sujeito para conhecer o invivível?". Entendo que você pretende deixar essa questão de lado para apostar em algo diferente, uma questão que diz respeito às condições de possibilidade para a subjetividade que tornem possível a distinção entre o vivível e o invivível. Então, você supõe – e afirmo isso a partir dessa explicação e de outros textos seus que tive a chance de ler – que, se entrarmos nessas condições de subjetividade, em suas condições empíricas, encontraremos um critério. Deveria existir um elemento característico para as condições subjetivas da vida.

No entanto, tenho aqui ao menos dois pontos. Estou de acordo com o fato de que as descrições do invivível – e penso no testemunho de Charlotte Delbo, por exemplo, sobre Auschwitz – consistem em um testemunho sobre o invivível. Não estou certa de que podemos concluir que essa experiência não era, para ela, invivível – justamente porque Delbo era capaz de dar testemunho sobre essa experiência. Em outras palavras, não acho que experienciar o invivível seja uma contradição em termos. Escrever sobre isto – e a escrita inclui o lapso da linguagem, o silêncio, a página em branco, as estruturas não narrativas – que vemos com frequência no testemunho supõe uma busca inerente ao testemunho que transmite o material do trauma. O "eu" narrativo pode ser indicador de uma subjetividade destruída ou despedaçada, mesmo quando se vincula ao que é visto. A distinção entre narrador e autor não exige, por assim dizer, a reparação da autoria. Eu não tenho dúvidas de que Charlotte Delbo experienciou o invivível, justamente porque foi capaz de fazer uso da linguagem em determinadas formas – ainda que tenha levado algum tempo para retornar a qualquer que fosse a sua linguagem –, o que não quer dizer que ela não experienciou o invivível. Ela estava viva, estava escrevendo. Isso não refuta nossa hipótese. E, de fato, é possível que o tipo de escrita de Delbo, assim como as descrições que nos chegam do invivível ou a partir do invivível, consistam em uma espécie de janela para a estrutura subjetiva que interessa a você. Delbo afirmava ser capaz de lembrar apenas a partir de certa distância que a impedisse de reviver o invivível. Ela não estava destruída? Não são essas as condições que destroem as pessoas? E se, apesar de destruídas, essas pessoas continuam sobrevivendo, isso não quer dizer que elas vivem uma vida vivível. Não mesmo. Se é verdade que uma pessoa destruída pode narrar um passado traumático, e que a narrativa em si não é capaz de reparar essa destruição, se a pessoa destruída narra a partir da própria destruição, então designamos um tipo de sobrevivência em cujas condições o invivível sobrevive com você e ao mesmo tempo. Esse tipo de sobrevivência não é o mesmo que a sobrevida do eu. Há sobrevivência e, ao mesmo tempo, o invivível ainda te acompanha sem qualquer expectativa de fim. Só termina quando a vida acaba. Seja qual for o resto da sua vida, esse resto se vive com o invivível – em sua companhia ou em seus destroços constitutivos, talvez como uma companhia insustentável cuja separação é impossível. Não acredito, portanto, que isso seja necessariamente uma contradição – sobreviver, viver no e com o invivível.

Pode ser que o caso de Delbo chame atenção ao problema da relação entre o que chamamos do invivível e a linguagem. Por exemplo, em certas condições dizemos que determinadas experiências são invivíveis. Nesses momentos, compreendemos que temos o direito de chamá-las assim, supondo que isso se refira a algo que nós ou um grupo de pessoas experienciou. Existem muitos debates sobre isso. Algumas pessoas diriam que, quando passamos por uma experiência invivível, existe algo que não se apresenta à consciência ou à linguagem. De acordo com essa versão da teoria do trauma, o invivível consiste na ruptura sobre a experiência. Se, de alguma maneira, essa ruptura ou destruição na experiência é narrada, ela deve ser trazida à linguagem de alguma maneira, sem que seja coberta ou suturada pela narrativa. Assim, a questão "Qual a relação entre o invivível e a linguagem?" torna-se específica na medida em que procura conhecer o estatuto da narrativa em relação ao problema do trauma representado, um trauma definido – pelo menos em parte ou plenamente – como uma ruptura na continuidade. Precisam existir (ou já existiram?) formas não narrativas ou formas de descrição capazes de evocar ou ressoar, de algum modo, o próprio trauma? Ou deveria haver uma distância, uma distância dissociada do fenômeno para dar lugar a uma versão narrativa ou linguística?

Dito isso, gostaria de afirmar, em primeiro lugar, que a invivibilidade não é o mesmo que a morte, ainda que mantenha com ela uma condição vital, ainda que essa vitalidade seja, em algum sentido, indispensável. Ainda que a descrição fenomenológica consista em uma descrição invariavelmente inerente à linguagem, que consista em um tipo de meio – seja esse meio um som, uma imagem, textura, ou qualquer tipo de forma de representação –, ela pode conter em si a compreensão da coexistência e a simultaneidade de sobreviver ao invivível, sem que essa sobrevivência consista na resolução do vivível no invivível. Assim, se o seu argumento de que o vivível e o invivível se opõem, temos então de levar em conta sua simultaneidade no campo fenomenológico. Dou ênfase a esse argumento diante do uso cada vez mais popular do termo *resiliência*, por exemplo, em relação à situação dos migrantes que são abandonados no mar, ou ao que acontece com as pessoas mantidas em detenção indefinida, ou às pessoas bombardeadas em meio a conflitos militares. Independentemente dos momentos de resistência criativa (que certamente existem), essas pessoas não estão sempre dando a volta por cima.

A resiliência é, sem dúvida, um termo usado por certos tipos de humanitarismo e organizações de direitos humanos para falar a respeito das possibilidades do que chamamos, em inglês, de "*bouncing back*" (dar a volta por cima) – encontrar recursos para superar as dificuldades, retomar uma vida anterior mesmo depois de perdurar em situações terríveis. Este termo – "resiliência" – pertence a um vocabulário neoliberal que ignora a destruição e destituição humanas; e tende a pressupor, de partida, que as pessoas nunca estão totalmente destruídas, que não existe uma destruição ou uma ruptura na vida, que a destruição de uma pessoa ou a ruptura de uma vida nunca afetam a capacidade pretensamente intrínseca de se reerguer, afirmar e retomar a vida. Qualquer que seja a versão de força de vida em que se ampara o discurso da resiliência, ela age como um tipo de garantia metafísica, um recurso infinito ao otimismo e, talvez, uma espécie de negação e de mentira. Vemos como esse termo inaugura os imperativos de políticas públicas estabelecidos por organizações não governamentais e como ele promove uma noção de pessoa flexível, dobrável e infinitamente *reabilitável*, mesmo – ou precisamente – quando certos tipos de perdas e rupturas aparecem como efetivamente irreversíveis, permanecendo com as pessoas no decorrer de suas vidas, destruindo o sentido de suas vidas. E mesmo quando a sobrevivência acontece, quando sobrevivem com o invivível, isso não é resiliência. Não mesmo. Na verdade, me preocupa que o termo "resiliência" funcione como negação da realidade e da repressão do trauma, que esse termo apressadamente procure vislumbrar e atribuir uma reabilitação em potencial quando não é mais possível.

Pode ser que tudo isso soe muito polêmico.

No entanto, essa questão me traz de volta ao sujeito; isto é, o pressuposto de que falamos a respeito de um sujeito que passa por uma experiência invivível passível de ser nomeada no curso ou imediatamente após seus acontecimentos. Pode ser que o fato de esse sujeito ser privado da linguagem de nomeação signifique alguma coisa. Mas o oposto não é verdadeiro: às vezes pode haver uma linguagem para o invivível, o que não quer dizer que essa experiência se tornou vivível. A linguagem não é a medida ou o critério. No entanto, a situação é diferente quando a experiência invivível é compartilhada, mesmo que nunca possa ser justo dizer que ela é experienciada de maneira igual por cada uma das pessoas que a atravessam. As pessoas são empurradas para os barcos juntas, são bombardeadas juntas; todos os sobreviventes perderam algum membro da família, vizinhos, amigos ou amores. Se uma experiência invivível é compartilhada (diferentemente compartilhada), ela se torna mais vivível em virtude da partilha? Falamos hoje a respeito do ativismo dos refugiados, dos imigrantes que se reúnem nas fronteiras sem abrigos, sem assistência médica ou alimentação, que compreendem a si como pessoas que estão passando juntas por uma experiência invivível, mesmo quando se produzem redes de comunicação e modos de interdependência para fornecer o apoio que de fato *não* recebem do público, do Estado ou das instituições e agências internacionais. Quando as condições podem ser apreciadas ou compreendidas em conjunto, que diferença isso faz – ou passa a fazer – entre aqueles que passam ou passaram por experiências invivíveis? Eu diria que essa é a condição do sujeito – a condição da subjetividade, para usar a linguagem de Frédéric – em condições nas quais há também uma condição de intersubjetividade – e essa palavra é importante.

Quando nos referimos à intersubjetividade em termos fenomenológicos, isso não supõe um sujeito coletivo no interior do qual todas as diferenças são apagadas; na verdade, isso se refere a uma rede diferenciada ou um grupo diferenciado que sobrevive, alcança e compreende uma situação em conjunto. "Onde você conseguiu esse celular?" ou "Ouvi dizer que aqui tinha comida". Ou "Estamos nos organizando e tomando a frente para fazer uma reivindicação política". Assim, quando há um tipo de invivibilidade compartilhada, se é que podemos afirmar isso, parece haver para mim uma espécie de interdependência humana, a dependência de alimentos, abrigos, mobilidade, serviços legais, assim como vem à tona algo acerca da vivibilidade como uma função humana da socialidade.

São esses aspectos que, para mim, fazem da vida uma vida mais vivível; ou seja, quando existe uma organização em conformidade às normas que procuram salvaguardar e garantir a vivibilidade. A condição que Frédéric chama de subjetiva é, a meu ver, uma condição que eu chamaria de intersubjetiva, uma compreensão de que o eu não emerge ou persiste sem uma infraestrutura capaz de garantir a interdependência humana. Quando estamos diante das condições compartilhadas de invivibilidade, eu perguntaria: em que consiste o fracasso na economia e nas infraestruturas sociais, nas obrigações e instituições internacionais (incluindo o direito marítimo?), ou das comunidades e nações? Onde estão esses fracassos? Como é possível que tais fracassos permitam que as pessoas sejam abandonadas ou expostas à violência? De que maneira procuraríamos restaurar, corrigir ou construir pela primeira vez as condições institucionais intersubjetivas capazes de incluir a possibilidade para a coabitação, condições essas que permitam que a vida se torne cada vez mais vivível em populações privadas dessa possibilidade?

A razão pela qual o sujeito deve ser referido intersubjetivamente é porque a minha vida não pode ser vivível sem que sua vida seja vivível, sem que várias vidas sejam vivíveis, porque dependemos uns dos outros e das estruturas sociais para a vida comum. O sujeito que sou não depende de cuidado apenas na infância, mas por toda a vida; aqui, "cuidado" não significa tanto uma disposição materna e, sim, a soma de medidas sociais e institucionais que tornam uma vida vivível. Quando as estruturas de que dependemos fracassam, nós também caímos e fracassamos com elas. E embora as devastações sejam registradas individualmente como eventos em nossas vidas, essas perdas e fracassos de fato são compartilhados em algum nível, seja social, econômico ou político. Assim, se quisermos perguntar a respeito das condições para o vivível e o invivível, temos de prestar atenção nos apoios institucionais, nas infraestruturas que nutrem os viventes.

Além disso, as condições de interdependência sem as quais a vida vivível é impossível também implicam princípios de igualdade, mas não uma igualdade entre pessoas independentes que supostamente se encontram nas mesmas condições e nem uma igualdade entre indivíduos. Na verdade, a igualdade que tenho em mente descreve as relações mutuamente dependentes das pessoas na vida econômica e social. Igualdade, enfim, como característica e resultado da interdependência.

Se estou certa, as condições subjetivas para uma vida vivível implicam um tipo de obrigação sobre a vida do outro, uma obrigação que também pertence a mim. Essa obrigação é consequência das relações sociais que definem o indivíduo e descentralizam suas reivindicações. Minha vida se vincula à sua sem que precise existir um contrato para isso. Ela se vincula também às vidas de quem não conheço, das pessoas cuja língua não falo, que vivem muito longe de mim. Não existe minha vida sem a vida dos outros. E, ainda que exista, é justamente para confundir o que é o eu. Uma vez que se compreende essa interconexão definidora e vinculante, uma conexão que não se limita à comunidade ou nação, é possível fazer uma abordagem ao mesmo tempo política e econômica da igualdade como um termo capaz de fornecer um critério para a luta contra a distribuição desigual de riqueza contra a intensificação da precariedade em determinados lugares do mundo. Seria possível falar também a respeito da obrigação ética a que chamo de não violência, que não consiste apenas em proteger a vida do outro, mas afirmar e apoiar as condições institucionais que amparam as vidas interdependentes como parte de uma comunidade sem fronteiras – uma comunidade que não seria comunitarista ou nacionalista, que não se reduziria às filiações religiosas ou paroquiais, nem às formas excludentes da autocompreensão secular. Com esse quadro em mente, poderíamos começar a busca por um critério de distinção entre o vivível e o invivível, mas isso nos levaria para outro caminho. Quero pensar com você a respeito das condições de vivibilidade, mas não tenho tanta certeza de como responder à questão da vida como tal. Não sei nada sobre a vida como tal. O que eu sei? Não sei.

FW: Você que nos diz.

JB: Não, isso você diz. (Risos.)

FW: Obrigado por essa introdução. Gostaria de responder brevemente. É claro, para além da oposição entre o vivível e o invivível existem os usos e práticas dessa oposição, a narrativa do sobrevivente, de uma pessoa que passou por uma experiência invivível e deve, a um só tempo, confrontar tanto o vivível – já que essa pessoa está no processo de escrita – quanto o invivível – porque ela procura dar conta da invivibilidade que experienciou. Contar uma história não é o mesmo que descrevê-la, especialmente quando essa história é sobre uma experiência invivível ou um trauma, uma forma diferente de alcançá-la. E isso se faz pelos limites do narrável e do inenarrável que são, na verdade, um aspecto do invivível. A narrativa do invivível tem suas características próprias: ela também está destruída por dentro.

Não se pode contar a história de um trauma da forma que se conta uma anedota: isso distorceria a verdade do acontecimento. Existem, então, características específicas nas narrativas de Charlotte Delbo, Primo Levi e Varlam Chalamov que precisam ser analisadas. As práticas dessa oposição também estão nas estratégias dos refugiados de que falávamos, assim como na resposta vital dos seres humanos capturados por essa contradição, mesmo em situações extremas em que se construiu alguma vivibilidade em meio a experiências invivíveis. De minha parte, também critiquei o uso da noção de resiliência quando aplicado de forma agressiva, ignorando os contextos em que se torna um conceito abstrato de ressurreição.

De qualquer forma, essas práticas não anulam essa oposição. Pelo contrário, elas a confirmam na medida em que as narrativas dos refugiados e sobreviventes – o estado de "sobre-viver" ou *sur-vive*,[5] como escreveu Derrida, que é ao mesmo tempo

5 Worms faz referência ao modo como, desde o início de sua obra, Derrida se propõe a embaralhar a oposição binária vida/morte,

viver e morrer – não anulam essa oposição. A inseparabilidade das duas noções não anula sua tensão e oposição.

Minha questão é então a seguinte: se existem práticas que não anulam a contradição, será que ela continua sendo um critério ontológico e filosófico vital? Será que ainda é fundamental encontrar essa oposição na vida como tal, no invivível como tal?

É verdade que a oposição entre o vivível e o invivível não é um "fundamento", e sim um apelo: faz referência à nossa crítica, nossa ação, nossa expressão por meio da arte, da literatura e do cinema. Mas o fato ainda é que essa contradição precisa ser estabelecida como tal, e precisamos da filosofia para pensá-la como tal. Porque não existe "fundamento" para além dela – como, por exemplo, uma essência hipotética de "vida". Essa oposição nos serve de bússola para todas as outras oposições, e seu uso crítico é o que deve nos orientar nas práticas de entendimento que são vitais, como é o caso das vidas concretas dos refugiados, que são capturados pela contradição. Nossa cultura

---

argumentando primeiro que há uma relação indissociável entre todas as oposições, inclusive vida/morte, o que resultará na formulação de *différance*. Mais adiante, em *Espectros de Marx* (1993), postula que viver é sobre-viver ["*sur-vivre*"], indicando a relação entre presença e ausência: há presença da morte na vida (a morte como um espectro e também como a impossibilidade de uma vida plena) e há presença da vida na morte (como nos rituais de luto e nas narrativas que testemunham a vida de quem morreu). Por fim, quando já havia sido diagnosticado com câncer, foi entrevistado sobre o tema da vida pelo jornalista Jean Birnbaum, conversa que resultou no livro *Apprendre à vivre enfin* (2005). Ao contrário do que possa parecer, a formulação do título não é uma evocação do vitalismo nos termos de Worms, mas uma reiteração de que viver é sobre-viver, que toda vida é uma sobrevida, não apenas nas circunstâncias de quem está doente. (N. T.)

gostaria que esquecêssemos que realmente existem vidas sob o jugo do invivível. Gostaria também de libertar apenas as vítimas (os mortos) ou os vivos dessa oposição. Mas isso diz respeito a todos nós, e precisamos nos orientar em relação a isso – é, pelo menos, o que acredito.

JB: Se for possível falar em poucas palavras, um ponto em que acredito que concordamos – e, por favor, me corrija se eu estiver errada – diz respeito ao intuito de fazer reivindicações normativas fortes. Afirmamos que certas condições são invivíveis ou que certas condições de vida se tornam invivíveis, enquanto sob outras condições as vidas se tornam vivíveis. Entendo que precisamos ser capazes de fazer essas reivindicações, mas não queremos que elas sejam confundidas.

No entanto, não acho que o vivível e o invivível sejam um conjunto de oposições que exaurem o campo. Assim, se seguirmos a ideia derridiana, a sobrevivência pode ser o invivível. A sobrevivência pode ter sido vivível por um tempo – para Paul Celan, por exemplo – até o momento em que não foi mais. Assim, sobreviver quer dizer que existe sempre uma questão de se tornar vivível ou invivível.

Acredito, porém, que isso não compromete a possibilidade de fazer um conjunto de julgamentos e perceber que isso que você chama de contradição é, na verdade, algo vivido no decorrer da vida, certo?

Porque uma vida pode viver contradições, ela pode também viver de maneira contraditória, sem encontrar uma resolução para as contradições conceituais que a estruturam. Quando se vive uma contradição, ela geralmente é vivida como uma tensão, uma ambivalência, ou mesmo através de uma espécie de cisão.

FW: Uma polaridade, certo?

JB: Polaridade talvez seja um termo bastante amigável e esperançoso, é verdade. No entanto, acredito que precisamos fazer a distinção entre uma contradição no nível conceitual, como algo capaz de ser experienciado e mesmo mantido no plano fenomenológico, porque importa se perguntamos a maneira com que se vive a contradição ou se a contradição é válida. A segunda questão é conceitual, enquanto a primeira faz referência ao momento fenomenológico e à duração; mais especificamente, à questão do que é viver uma contradição, viver uma vida que é assolada e sitiada pela contradição.

Laure Barillas: Gostaria de fazer uma pergunta a vocês dois que está no fundo do que falavam agora há pouco, que é a resposta para o que o inviVível exige. Vocês acreditam na igualdade radical das vidas humanas, mas me pergunto se suas perspectivas são duas maneiras diferentes de alcançar essa igualdade.

Tenho a impressão de que a leitura de Frédéric Worms supõe que a relação de cuidado pode ser uma resposta ao invivível, enquanto, na obra de Butler, toma a forma de uma rede de apoio. Assim, podemos nos perguntar se a diferença entre cuidado e apoio, como duas formas distintas de lidar com o invivível, está no pano de fundo dessa conversa.

JB: Sem dúvida, a questão do cuidado tem sido bastante discutida no pensamento filosófico francês atualmente. Minha tentativa de aproximação desse tema é, de certa maneira, um pouco hesitante. Concordo com alguns aspectos dos argumentos sobre o cuidado. Um dos problemas desse argumento, a meu ver, é que na história do feminismo nos Estados Unidos o cuidado foi compreendido como um atributo materno e alçado a um valor feminino e feminista que produziu a ideia do que é ser mãe ou do que as mulheres deveriam ser – mães devem cuidar; mulheres devem ser mães –, o que acredito ser extremamente conservador para as políticas de gênero. E essa concepção, para algumas de nós, não era nada vivível – se posso usar essa palavra. (Risos.)

De certa maneira, o debate francês me permitiu repensar meu posicionamento (assim como o livro de Lynne Segal e Catherine Rottenberg, *The Care Manifesto*, publicado no Reino Unido). Levei um tempo para entender que na obra de Frédéric Worms, Sandra Laugier e outros o cuidado tem outro valor. O mesmo acontece na produção mais recente de Joan Tronto – que acredito estar muito próxima de meu pensamento sobre a interdependência e o apoio infraestrutural. Na medida em que o cuidado não é uma disposição de gênero ou uma prerrogativa especificamente feminina, não é apenas uma relação diádica, feita entre a mãe e a criança, na medida em que o cuidado é relacional – e, como aprendi com Frédéric, *também* institucional –, posso compreender e trabalhar com essa ideia. O que me preocupa é que, em uma época governada pelo neoliberalismo, em que as mercadorias, os recursos sociais e o bem-estar social são dizimados e terceirizados, que as aposentadorias são eliminadas ou reduzidas, que a assistência de saúde se torna cada vez mais cara e menos acessível em muitos lugares do mundo (incluindo os Estados Unidos), que não há garantia de abrigo e a alimentação é produzida e distribuída de forma tóxica e desigual, somos às vezes levados a cultivar disposições morais filantrópicas e um "cuidado" proveniente de certo espírito cristão que, supostamente, compensaria as devastações institucionais causadas pelo neoliberalismo. Em vez disso, os bens e serviços sociais deveriam ser considerados bens públicos e obrigações que os governos precisam honrar. Fico preocupada com o crescimento de certo tipo de valor cristão que tende a consolidar uma noção de família e de cuidado feminino extremamente tradicional para compensar essas devastações e destituições econômicas. É claro, não quero que o cuidado seja abordado dessa forma. Acredito que essa noção se aproxime do princípio de interdependência que procuro articular. É justamente aí que vejo o potencial e a possibilidade de uma convergência.

FW: Obrigado. Para ser breve, começo de novo com um dos livros essenciais de Judith Butler, *A vida psíquica do poder*,[6] e seu paradoxo – que é, de certa forma, o oposto do paradoxo do *cuidado*, mas que o complementa. Há na obra de Judith a ideia de que a emergência da subjetividade depende de um poder que, por assim dizer, nos "cria" e que também pode nos destruir. Acredito que isso seja uma ideia essencial, porque reconhece nossa dependência original do poder. Mas isso também é o significado de cuidado. O cuidado não significa, necessariamente, benevolência, e sim as relações primárias que nos fazem o que somos, para o bem e, provavelmente, para o mal.

Isso pode acontecer para o bem (ou para o mal) justamente porque as relações de cuidado de que dependemos são polarizadas, ambivalentes e, também, sociais, capturadas em enquadramentos políticos nos quais se pode encontrar a polaridade do vivível e do invivível. Por isso, para mim, o cuidado não é

6 Butler, *A vida psíquica do poder: teorias da sujeição.*

sempre benevolente. É atravessado pelo risco da violência ou, na verdade, do que chamo de *violação*. E a recepção filosófica do cuidado no pensamento francês também é coletiva e polarizada: seus extremos são Lévinas e a relação com os outros, mas também Foucault e o poder médico. Entre ambos os autores, o pensador da polaridade ainda é Canguilhem, com as noções de normal e patológico, cuidado e poder. Essas polaridades carregam intersecções com as relações sociais e as discriminações: por exemplo, o cuidado é considerado feminino e o poder masculino, como na polaridade entre enfermeira e médico. O fato, no entanto, é que todas as relações de poder – sejam sociais ou raciais – se encontram no cuidado e são provocadas por suas contradições internas. É por isso que, em minha opinião, e não acho que seja muito diferente de Judith, o cuidado e o poder respondem à ameaça de destruição subjetiva que contêm.

A partir disso podemos reconstruir a subjetividade, sem qualquer garantia de resiliência e com o risco de que sua restauração seja impossível, que é justamente a realidade ameaçadora do invivível, a impossibilidade de reviver, o irreparável. No entanto, se não existisse cuidado – ou qualquer nome que dermos para isso – e empoderamento em relações vitais, não haveria esperança para a justiça, para a recuperação nas instituições, ou mesmo para efeito na crítica, que também é uma luta no cuidado. Isso porque mesmo o cuidado mais íntimo é atravessado por violações e pelo risco de violação, mesmo nas relações parentais. Existem, é claro, violações paternas e maternas!

Alguns ditadores afirmam ser "pais ruins". O pai ruim tem orgulho de ser autoritário e violento; a madrasta ocupa, também, um lugar de fascínio em nosso inconsciente coletivo. Vemos essas figuras nos contos de fada, e isso não é uma coincidência. Decerto não idealizo o cuidado. Acredito, pelo contrário, que ele deve ser visto de maneira crítica, e é por isso que defendo um vitalismo crítico, mas, também, um humanismo crítico. A ambivalência e a polaridade estão em todos os lugares, fazendo com que a crítica também seja necessária em todos os lugares. O poder está em todos os lugares, mas é polarizado – mesmo no humanitarismo, por exemplo, e na democracia, que é o regime mais dividido e explicitamente crítico do mundo.

No que diz respeito a quem falha em criticar as práticas de cuidado, você tem razão, e sua crítica vai ao ponto. Quando criticamos essas abordagens, porém, redescobrimos o que é vital: a medicina, a justiça, e mesmo o amor e a amizade.

JB: Posso fazer uma pergunta? Em que medida sua concepção de cuidado se ampara na análise psicológica da educação infantil de Winnicott?

FW: Em grande medida! (Risos.)

JB: Ok. Então, a cena da educação infantil pode ser um modelo para pensar sobre as relações políticas e sociais de forma mais ampla?

FW: Bom, me amparo em Winnicott, mas em sua obra como um todo, que inclui um pensamento sobre a negatividade e a cultura, a política e a democracia. Não podemos reduzir Winnicott à noção de cuidado primário e o espelho do rosto materno: sua obra deve ser pensada em sua totalidade. Quando ele fala a respeito da adolescência e da agressão, da forma como apenas a democracia abre espaço para esses termos, é porque reconhece o papel original do conflito. Winnicott refletiu sobre a revolta geracional da década de 1960 como ninguém mais o fez. Ele não pode ser reduzido ao pensamento sobre o amor primário: era também um leitor da obra de Melanie Klein sobre o ódio e a agressão. Ele não é Winnie, o ursinho; trocadilho, aliás, do próprio Winnicott, que foi o inventor do conceito de objeto transicional ou de segurança!

JB: Minha questão com Winnicott é que o cuidado paterno nunca seria tão "suficientemente bom" quanto o materno. Acredito, também, que existem pressupostos em sua obra sobre estruturas sociais, parentesco, adoção, famílias recompostas e uma noção de cuidado infantil bastante asséptica, por exemplo, para as crianças que têm mais de um pai ou mãe, que passam muitos estágios de cuidado, de diferentes formas e por diferentes pessoas. Se pensarmos no exemplo de um livro incrível chamado *All Our Kin,* que descreve as estruturas de parentesco afro-americanas, essas situações muito raramente são diádicas e atravessam gerações. Ou quando pensamos nas redes de parentesco *queer* contemporâneas, que tendem a apresentar elementos de intimidade e solidariedade como parte da cena. Vemos que os modelos de parentesco em constante mudança, na verdade, fazem grande diferença nas análises oferecidas pelos winnicottianos. Alguns deles tentam rever suas posições. É importante levar em conta, também, que ele se opunha às mulheres que mandavam suas crianças para a creche. Winnicott criticava o modelo chamado socialista do sistema de creches do Reino Unido.

FW: Entendi. Esse é o risco do pensamento historicamente datado de Winnicott. Mas podemos apontar, também, para o risco oposto e para a pessoa responsável por ele? Falo, é claro, de Lacan e os conceitos de Nome e Lei do Pai. É verdade que o amor não é um atributo exclusivo da mãe. Winnicott talvez tenha acidentalmente cometido esse erro. Mas a lei não é mais paterna do que o amor é materno: cada relação deve ser entendida na perspectiva de sua polaridade crítica, uma polaridade entre amor e poder.

JB: Concordo. Mas, como você, me faço a seguinte pergunta: por que começar com a cena psicológica do cuidado infantil como modelo para questões mais amplas de socialidade, economia e política? A criança, de fato, é formada – você se refere às relações vitais dessa formação. Mas os pais que contribuem com a formação dela também são formados social e politicamente pela linguagem e pela sociedade. Em que ponto, então, começa essa história? Existe uma série de maneiras de pensar sobre a formação subjetiva, e, embora a cena de nascimento seja uma delas, essa cena já nos remete à outra, que é a história que a precede. Importa, por exemplo, se você nasceu em um hospital – e em qual hospital –, se você nasceu do casamento de duas pessoas ou de uma relação extraconjugal, se você teve dois, quatro ou cinco pais... quero dizer, existem outras formas de começar a história do início da vida de um sujeito. Quem te imaginou antes que você nascesse? Quem jamais te imaginou?

FW: Você tem razão ao afirmar que a mitologia da infância pura nunca deve nos servir como fundamento. "Tudo" é encenado na infância, é verdade, mas isso não quer dizer que ela seja pura! Pelo contrário: o amor parental existe na infância e sua polaridade, assim como a estrutura social em que se entrelaçam a mãe, o pai, a história, o ambiente, a transmissão dos traumas e tudo o mais. Nascemos em um campo minado, em um território crítico! E se você lançar um olhar para ele da perspectiva do "fim da vida", isso também seria verdade, como seria verdade para as doenças ou os refugiados... Certamente não idealizo a vulnerabilidade: é, na verdade, uma noção que critico. Mas as cenas da vulnerabilidade são cenas críticas que aparecem no percurso da vida, um percurso que mostra também os limites do vivível. Essas são as cenas mais críticas, e é a partir delas que precisamos recomeçar.

JB: Ok, ótimo. *Merci à vous!*

Paris, abril de 2018.

Posfácio

Frédéric Worms: Judith, desta vez você foi direto para questões contemporâneas, como acontecimentos...

Judith Butler: Sim.

FW: Acontecimentos extremos que fazem exigências ao nosso tempo e em nossos conceitos e pensamentos. E me pergunto: como você compreende a forma que o vivível e o invivível são postos à prova pelos acontecimentos? Entende o que digo? Você pergunta o que há de vivível na condição do refugiado, e penso se existiria um critério para distinguir entre vivível e invivível, o que isso faz por mim, que tipo de critério é este? Como podemos aplicá-lo aos acontecimentos?

JB: Sim.

FW: E as situações? Talvez essa questão seja demasiadamente metodológica, mas...

JB: Não, é uma questão muito importante. Acredito que o primeiro aspecto seja: começamos estabelecendo os critérios para discuti-los em termos teóricos e, então, perguntar o que justifica a delimitação de um limite entre o vivível e o invivível? Em seguida, aplicamos a teoria a exemplos empíricos? Ou aprendemos algo a respeito do vivível e o invivível a partir desses acontecimentos, a partir das maneiras pelas quais as pessoas passam por deslocamentos, fugas, bombardeios e fome? Em outras palavras, como extraímos um novo sentido do que é invivível? Será que a perspectiva histórica não compreende que o vivível e o invivível são condições relativamente a-históricas? Quero dizer, penso que, quando Freud escreveu sobre suas reflexões de guerra em 1915, ele estava propondo que algo historicamente novo aconteceu com a escalada das mortes em massa e a guerra de trincheiras, e que não havia precedentes diante da morte de tantas pessoas na guerra e por esses meios. E ele, é claro, não tinha ideia do que ainda viria pela frente. Freud já estava tomado pela experiência da Primeira Guerra Mundial antes que a destruição total fosse sequer conhecida. Isso fez, então, com que ele pensasse de outra maneira a vida e a morte, os limites entre o vivível e o invivível?

FW: Sim, creio que sim. É claro, as reflexões sobre a morte e a guerra mudaram seu pensamento sobre a vida e a morte em geral, assim como na formulação de sua teoria das pulsões. Mas, de novo, pode ser que ele tenha analisado a guerra a partir dos impulsos psíquicos apenas porque já havia formulado essa teoria. Freud também foi acusado de despolitizar a guerra, o que ele nunca de fato fez. Meu ponto, além disso, é que aprendemos algo sobre a situação dos refugiados na guerra da Ucrânia ou nas experiências históricas extremas de invivibilidade. Por um lado, quando pensei a respeito da sua questão sobre os refugiados, passei a considerar que deve existir uma espécie de teste para essas categorias. Acredito que essa questão possa ser analisada a partir das categorias do vivível e do invivível. Mas precisamos revisitar essas questões de forma a deixá-las mais claras, pensando a maneira como elas funcionam e como são produzidas por diferentes situações. O que quero dizer é: se tratarmos as questões do vivível e do invivível de maneiras estritamente biológicas, há a tendência de reduzir os grupos de refugiados a sua capacidade de sobrevivência.

Por outro lado, o que me chama atenção de imediato em relação aos refugiados, mesmo quando levamos em conta a variedade histórica dessa condição nas situações que já mencionamos, é a maneira com que ela é, ao mesmo tempo, física e psiquicamente invivível, e como isso é absolutamente político. Essas pessoas foram expulsas de algum lugar. Elas foram postas para fora do enquadramento político e humano, para usar suas palavras. E nós... o "nós" que pensa sobre eles está em uma posição inteiramente política. As situações vivíveis e invivíveis consistem em categorias relacionais. Assim, temos que diferenciar essas situações. Mesmo se sentirmos que elas nos lembram, é claro, de algo que Freud chamaria de angústia primordial – por assim dizer, um desamparo primário.

JB: Certo.

FW: Você entende o que quero dizer. Não sei se você quer seguir a partir daí, talvez possamos pensar sobre essas situações. Mas eu gostaria de afirmar que não é apenas das situações que depreendemos as categorias, e sim o inverso.

JB: Sim. É o inverso no sentido que novas situações históricas alteram as categorias com as quais procuramos alcançá-las.

FW: Se não retornarmos, em algum ponto, para o que queremos dizer com vivível e invivível, não podemos compreender rigorosamente o que se passa.

JB: Creio que você está absolutamente certo. Mas pensei, agora, na maneira com que Merleau-Ponty argumentava que as necessidades básicas são requisitos para a vida. Poderíamos dizer que as pessoas precisam se alimentar, mas a comida se organiza de determinada forma e o ato de comer sempre acontece de maneira específica. Assim, existe sempre uma modalidade que acompanha cada necessidade básica. As pessoas precisam de abrigo. Precisam de uma fonte de calor. Podemos dizer que isso é uma necessidade básica. E, no entanto, o ato de se aquecer pode acontecer de maneiras muito diferentes. Até no nível das necessidades biológicas encontramos determinadas organizações sociais da necessidade e das nossas exigências de vida. Isso significa que é quase impossível performar uma redução biológica, mesmo quando estamos em um hospital e constatamos que a temperatura corporal de uma pessoa abaixou, ou quando outra está desidratada. Descrevemos os fatos do organismo e confiamos que os médicos têm razão na descrição que fazem. Ao mesmo tempo, aquela pessoa sente sede em certo contexto e de determinada forma, enquanto outra sente frio em certas condições, em virtude de determinada história. Pode ser também que o enquadramento médico apresente diferenças de acordo com o que chamamos de biologia. Assim, no momento em que começamos a descrever como uma pessoa faz a experiência de algo, ou o que é essa experiência, temos a língua dessa pessoa para descrever a experiência e nossa própria língua, de modo que acontece uma espécie de tradução. Quando nos referimos às necessidades biológicas, também dizemos que elas se articulam em situações sociais muito específicas. Na descrição de Primo Levi sobre a vida com outras pessoas nos campos de concentração, lemos, em algum momento, que uma pessoa quer o mesmo pedaço de pão que ele. Ambos estão com muita fome, mas tornam-se possíveis diferentes tipos de relação com o pão. Algumas pessoas roubariam o alimento a qualquer custo. Outras dariam esse mesmo alimento facilmente. Algumas pessoas diriam: "Ok, fique com esse pedaço que eu fico com esse". A redução biológica à necessidade, você sabe, nunca é plena e, quando é, passa por maneiras muito específicas.

FW: Na verdade, não sei com exatidão. Para mim algo se passa em um sentido mais profundo, porque não se trata apenas da oposição entre, digamos, uma necessidade biológica e uma situação antropológica, cultural, que não teria nada a ver com a vida, com as "suas" e as "nossas" vidas. É claro, não há necessidade humana que seja desprovida de sentido cultural e antropológico. No entanto, há algo mais profundo. Pense, por exemplo, nas vítimas e refugiados das guerras contemporâneas. Obviamente, outros seres humanos os privaram de algo. Na situação de Primo Levi, por exemplo, a questão não é apenas que ele tem fome. Ele foi privado de alimento por algum poder; essa fome é produzida.

JB: Sim, sim. Uma precariedade induzida.

FW: Creio que precisamos entender o que representamos para nós mesmos em termos de invivibilidade nesse tipo de situação – não é apenas um sofrimento físico ou biológico. As condições de sofrimento são humanamente produzidas.

E acredito que o "nós" que *pensa* sobre eles importa. Você falou de Freud imediatamente, o que é muito interessante porque, para mim, ao mesmo tempo que nos identificamos com essas pessoas – os refugiados, por exemplo, ou os testemunhos dos campos de concentração –, temos também um impulso de nos diferenciar dessas situações.

É por isso que há ambivalência – e não sei se isso é natural. E é por isso, também, que acredito que a situação dos refugiados é contemporânea à extensão das fronteiras, dos muros. Porque existe esse impulso mortal de nos proteger das situações que sabemos que são inviníveis para os outros. O que é esse "pensar sobre uma pessoa"?

JB: Exatamente.

FW: E, então, existe esse círculo vicioso que representamos. Sentimos que a invivibilidade é produzida, mas, em vez de criticar o que a produz, há algo ativado em alguns de nós, ou talvez todos nós: a tendência de agravar essa invivibilidade.

JB: Sim, é verdade.

FW: Então, como você explica o fato de que, diante de uma situação em que existem muitos refugiados, a reação é, digamos, ambivalente? Aqui, nós procuramos resistir a isso. Mas há algo que também agrava essa situação. Quanto mais refugiados existem, mais fronteiras, mais rejeições, e, então, mais refugiados de novo. Para mim, o vivível e o invivível não são apenas categorias biológicas. Esses termos são intrincados e ambivalentes, acompanham um conjunto de emoções. Você poderia, claro, compreender essas situações sem as categorias de vivível e invivível, mas não no mesmo nível, não da mesma forma.

JB: Sim. Mas parece que você também está dizendo que algo no invivível faz tomar distância ou piorar a situação.

FW: E esse "eu" e "nós" também precisam, claro, ser questionados.

JB: Sim. Falamos a partir de situações globais de relativa paz e segurança. Então, vamos deixar o "nós" de lado por enquanto. Algo a respeito do invivível nos leva a tomar distância porque não queremos imaginar que poderíamos estar nessa situação. E sabemos que isso é possível. E essa negação intensifica o sofrimento.

FW: Sim.

JB: A princípio, isso poderia acontecer. Quero dizer, as pessoas na Ucrânia não sabiam que seriam bombardeadas, mortas, brutalmente forçadas a sair de suas casas e verem as pessoas que amam morrerem. Isto é, isso sequer passava pelas suas cabeças, mesmo de quem sabia que um ataque militar russo era possível. Acredito que essa seja uma das razões pelas quais a questão da Ucrânia parece tão inquietante na Europa. Esses somos nós? Isso poderia acontecer conosco?

FW: Sim, exatamente.

JB: Mas, se eu entendi bem, você também afirma que a negação reproduz essas situações. É quase impossível reparar nessa situação e permanecer com ela, uma vez que a notamos, certo? Sem nos afastarmos dela, sem recusá-la de alguma maneira. Mas a ambivalência parece fazer parte dessa reprodução.

FW: Acredito que sim. Penso que isso é bastante complicado, mas é por isso que creio ser simples demais dizer "sentimos que há algo invivível aqui", partir para a análise da situação e, enfim, falar "Ok, se isso é invivível para eles, queremos reparar, ajudar, cuidar". Isso, claro, é ambivalente desde Rousseau e a compaixão – *pitié*. Ou seria pena?

JB: Em inglês há um debate sobre a tradução desse termo. Geralmente chamamos de pena ou compaixão.

FW: É esse o mínimo.

JB: Ok.

FW: Rousseau afirma que, quando um cavalo vê outro cavalo morto na estrada, ele se distancia. E que os humanos têm uma compaixão natural, mas também uma tendência natural de se afastar da compaixão.

JB: Sim, nos afastamos de nossa compaixão. Ou, talvez, pensemos que estamos nos voltando para a vida, mas na verdade estamos nos afastando dela. Não sei. Mas é interessante pensar nisso como algo que tanto os humanos quanto os animais fazem.

FW: Simone Weil dizia que "*le malheur*" – o infortúnio, a miséria – produz uma reação de "*dégout*", de desgosto ou ódio. Sentimos repulsa diante da invivibilidade dos outros.

JB: Sim, às vezes. Isso é parte da ambivalência que você descreve.

FW: Creio que a extensão da invivibilidade atual nos confronta com essa ambivalência de maneira inesperada. Queremos resolver o problema – a invivibilidade – mesmo para viventes não humanos, mas a amplitude da invivibilidade também produz uma reação de superproteção, muros, fronteiras, exclusões, separações... Isso torna a situação ainda pior, porque falamos de uma invivibilidade que é humanamente produzida e que, então, se produz ainda mais. É por isso que, para mim, ser vivente carrega essa ambivalência. A vida e a morte estão dentro de nós. Não há algo somente fora.

JB: Sim. É interessante que, na medida em que a pandemia é atenuada – não acredito que tenha terminado, mas digamos que diminuiu em partes do mundo –, o desejo de acabar com ela é muito forte. Até pessoas inteligentes anunciam com entusiasmo que a pandemia acabou, que não precisamos mais nos preocupar com o risco de infecção. Esse pensamento se ampara em três passos fundamentais: nós sofremos. Não aguentamos mais sofrer. Agora estamos livres para retomar a vida cotidiana. Mas, na medida em que a retomamos, resta a questão sobre as pessoas que ainda são vulneráveis, as pessoas imunodeficientes, aquelas que têm dificuldade de locomoção devido a outras condições físicas, suas suscetibilidades. Essas pessoas devem ser abandonadas ou sacrificadas em nome dos "muitos"? Se assim for, nos tornamos utilitaristas cruéis.

Essa questão nos remete ao tema da mudança climática e à maneira que vivemos atualmente. Seguimos fazendo uso desse "nós" mesmo que não exista qualquer pluralidade, mas pode ser que esse "nós" nos envolva todos no destino da Terra. Muitos de nós preferem ignorar a mudança climática. Quero dizer: nós conhecemos e falamos a respeito, lamentamos esse fato. Desejamos que façam algo a respeito, mas também ignoramos para garantir uma espécie de gozo necessário, algo que sentimos ser nosso direito ou nosso estilo de vida, se é que ainda temos um estilo de vida relativamente preservado. É claro que, para quem vive em lugares afetados por mudanças climáticas, como as terras indígenas no Brasil, por exemplo, as intervenções humanas no seu mundo produziram um solo tóxico, uma água insalubre e a impossibilidade de cultivar a terra, a que foi cultivada por tantas gerações. Sua resistência política, claro, tem muita força: tanto contra o extrativismo, como contra a destruição ambiental. Mesmo assim, no entanto, para aqueles de nós que se encontram em posições mais privilegiadas, é possível aprender a respeito do que está acontecendo no ar, nas águas e no solo, sabendo que também dependemos desses recursos e fazendo uso de nossas posições para exigir uma mudança. No entanto, muitos de nós ignoram a destruição dos elementos fundamentais da vida, que incluem nossas próprias vidas e estilos de vida. É muito difícil compreender isso sem acabar, em última instância, paralisado. Mas isso continua sendo nossa tarefa.

FW: Você disse algumas coisas muito importantes. O que me impressiona é a maneira com que fomos de um extremo a outro. O "nós", de novo, importa. Queremos acabar com a pandemia. Então, algo em nós quer acabar com alguma coisa. E isso é bastante complicado se pensarmos nos termos de uma pulsão de morte ou uma pulsão de vida.

JB: Sim. A mudança rápida na vida, quando fundada na negação, termina por se tornar a morte.

FW: E, no entanto, queremos acabar com ela. Você acrescenta, com razão, que isso é a própria justiça. Você quer dizer que, mesmo quando acabamos com isso, algumas pessoas não o fizeram – as mais vulneráveis, aquelas que permanecem vulneráveis. Ignoramos a mudança climática como um perigo universal, olhamos para o outro lado – gosto dessa formulação –, mas sabemos que algumas pessoas são mais vulneráveis que outras, e seus mundos já estão sendo destruídos. Isso não é apenas uma promessa de futuro. Em ambos os casos, seja o clima ou a pandemia, quando acreditamos que isso acabou, quando percebemos que isso não acabou para outra pessoa, o que negamos é a ideia da vulnerabilidade em comum, uma vulnerabilidade em comum que *é* a pandemia, o clima e até a guerra na Ucrânia. Esses acontecimentos servem para nos lembrar que em nenhum lugar da Terra estamos protegidos de nossas vulnerabilidades.

JB: E isso, em certo sentido, é insustentável. Quer dizer, nós fantasiamos...

FW: É uma nova insustentabilidade.

JB: Sim, é verdade. A fantasia da superação da vulnerabilidade afirma a persistência dessa condição; a fantasia nos impede de confrontar o insustentável, embora o afirme.

FW: E, ao mesmo tempo, creio que a única resposta política é constatar que essas vulnerabilidades em comum podem construir uma nova maneira de pensar o "nós" e o "eles", tendo ciência de que o desejo de acabar com a pandemia é, para falar de maneira vital, legítimo. No entanto, precisamos também constatar que acabar com a pandemia deveria ter sentido apenas na luta contra as causas e os efeitos da pandemia, uma luta do ponto de vista médico, uma luta social, uma luta pela saúde pública universal. Temos de mudar o desejo de acabar com um tipo de pulsão passiva pela tranquilidade – o que, no final das contas, é equivalente à morte. Pelo contrário, se o desejo de acabar com a pandemia é um desejo de lutar contra a negatividade – as falhas na assistência de saúde, mas também as fragilidades ambientais e todos os outros fracassos sociais e econômicos que levaram à pandemia –, devemos romper com a ideia de que algumas pessoas são simplesmente mais vulneráveis que outras e que estamos protegidos. Isso se aplica ao clima, porque não queremos "olhar para cima" – claro, aquele filme, *Não olhe para cima!*, é muito interessante – e olhamos para o outro lado. É por isso que é insustentável pensar que o solo, o ar e a água estão intoxicados.

JB: Sim. Pensar que as próprias condições de que dependem os seres sencientes foram destruídas por nossas intervenções descuidadas.

FW: Na situação dos refugiados, igualmente, o solo está em movimento. Como diria Foucault, se movendo embaixo dos nossos pés.

JB: Não sabemos quem está se tornando um refugiado no momento em que falamos, e como o número de pessoas forçadas ao deslocamento irá aumentar para além dos cem milhões que existem atualmente.

FW: Vamos voltar ao conceito de toxicidade – é um conceito muito interessante. Li alguns livros sobre a crise ambiental e a toxicidade e entendo que algo é tóxico quando é estruturalmente "*nuisible*", "*nocif*" – perigoso, prejudicial –, quando produz uma doença em virtude de sua própria essência. Por exemplo, em uma situação contingente como a poluição do ar. Se dissermos que o ar é tóxico, não há o que fazer. Isso está estruturalmente te matando. O que te mata está no ar, tornou-se parte do que é o ar.

JB: É uma situação histórica que, com o tempo, se tornou estrutural...

FW: É só uma poluição contingente. Então, um ambiente tóxico é um ambiente que te destrói estruturalmente, que não te sustenta.

JB: Mas, então, a desintoxicação envolveria uma mudança estrutural, certo?

FW: Exatamente. Então, o que fazemos a respeito disso?

JB: Bem. Creio que podemos voltar à sua reflexão sobre o que procuramos preservar em nós, um "nós", um grupo que chama a si de "nós". Mesmo que reconheçamos ou deixemos de reconhecer que o "nós" está em questão para as pessoas imunossuprimidas que perderam a libertação da pandemia. Existe, também, a destruição e o racismo ambientais com que muitas pessoas já lidam em sua relação com a água, o solo e o ar. Há também a existência de uma população refugiada em massa e em crescimento que se multiplica exponencialmente. Atualmente, mais de um milhão de pessoas no mundo são refugiadas, de acordo com o ACNUR (Alto Comissariado das Nações Unidas para os Refugiados). Você e eu não estamos entre os refugiados. Estamos ainda, espero, respirando um ar saudável e confiando na água que sai de nossas torneiras.

FW: Certo.

JB: Mas isso não é assim para muitas pessoas. Porém, se entendi bem seu argumento, para o "nós" que procura se salvaguardar, a autopreservação se faz por meio de um coletivo particular, um coletivo particular que procura se preservar contra uma condição mais geral, que acontece em algum outro lugar, e, ao se separar desse "nós" geral, esse coletivo reproduz e intensifica a situação em que uma parte do mundo é abandonada, onde a toxicidade pode acontecer, a pandemia pode acontecer. Isso depende das desigualdades intensificadas para sua "sobrevivência" – isso, então, é uma pulsão de morte ou uma pulsão de vida? É nesse momento que funciona a ambivalência que você descreve, essa pulsão de morte-vida. Nas áreas da África em que há pouco acesso às vacinas. Elas são caras. São difíceis de encontrar. No entanto, agimos como se não fizéssemos parte do mundo. E "nós" nos preservamos ignorando esses lugares e construindo muros literais ou metafóricos em torno desse "nós" coletivo que busca apenas preservar a si. Não podemos nos distanciar da destruição sem contribuir e ser cúmplices de sua reprodução. Essa reprodução aumenta tanto a destruição quanto a perda, intensificando as desigualdades sociais e econômicas. Talvez, então, isso seja uma lógica necropolítica que permite que a intoxicação e a destruição aconteçam em algum lugar, desde que não seja aqui. "Aqui" e "ali" tornam-se noções estáveis em nome da negação e do abandono. Assim, se qualquer um de nós concorda com uma versão do mundo em que essa desigualdade social é afirmada e reproduzida, ou refletida e reproduzida, isso significa que quem preserva seu estilo de vida e assume o direito de fazê-lo supõe a existência de outras pessoas que eles ignoram, mas de quem dependem, com quem eles, ou nós, nos relacionamos inevitavelmente, e que não tem opção de olhar para o outro lado já que a destruição está, por assim dizer, na sua cara. Assim, a autopreservação, de acordo com essa lógica, tem um conjunto destrutivo de implicações que se traduzem nos seguintes termos: "Eu vou destruir para me preservar. Mesmo que eu não vá para a guerra, ainda assim vou destruir para preservar este coletivo que é parcial, privilegiado e protegido".

FW: É exatamente esse o meu ponto. E creio que o que mudou desde a nossa última conversa sobre o vivível foi, justamente, essa generalização acerca da invivibilidade.

JB: Sim. Poderia desenvolver mais?

FW: Com a pandemia, com a intensificação da crise de percepção e realidade climática, com as guerras, essa generalização confirma a necessidade de uma filosofia da vida e da política. O que percebemos nessa generalização – de certo modo, nessa universalização – é um componente da posição crítico-vitalista, que alcança o universal por meio de uma condição geral ou comum, por uma generalidade empírica que não é apenas o universal abstrato, mas, por assim dizer, uma condição planetária em comum. O conceito de planetário é, também, bastante interessante, porque você não se aproxima da crítica política tendo o ideal universal como ponto de partida, e sim de uma condição planetária concreta. Acredito que essa condição generalizada também produza um tipo de reflexo ou negação imunitária. Falamos sobre a negação anteriormente. Quero dizer, pandemia e pan-negação.

JB: Sim. A condição generalizada não conduz diretamente a uma percepção ou uma ética correspondente, mas também a novas formas de negação e escapismo.

FW: De negação global. Porque é insustentável. É insustentável pensar, ter como ponto de partida o negativo ou as negatividades em comum. Uma questão muito importante para mim é: como admitimos negatividades em comum quando a pandemia diz respeito a todos nós? Não há um nós que continuará existindo, não há qualquer lugar preservado após a destruição. Não falamos a respeito da globalização econômica, a generalização da exploração, que é inseparável dos seus efeitos sobre a natureza e as condições de saúde, por assim dizer. Assim, quando pensamos a respeito dessas vulnerabilidades globais, percebemos o quão somos vulneráveis – mesmo digitalmente, mesmo no *Twitter*. O efeito é, em certo sentido, extremamente violento.

JB: Sim. Essa é uma das razões para se manter fora das redes sociais, mesmo quando precisamos de novas redes de ação. Mas será que estamos progredindo, e o progresso ainda é nosso objetivo, ou seria parte do problema?

FW: Estamos acostumados com um sentido de progresso, como vemos nas representações da história na filosofia ocidental, que afirma que não terminamos ainda, mas vamos em alguma direção, continuamos a ajudar as pessoas mais vulneráveis. Ao mesmo tempo vemos a injustiça crescendo e criticamos suas condições. Agora devemos assumi-la como uma luta global básica. No entanto, isso ainda é, para mim, uma forma de progresso, na medida em que as condições negativas globais – condições de sofrimento e privação – continuam sendo as nossas. Como extrair algo positivo dessa consciência tão árdua das negatividades globais, que produzem ciclos viciosos? Existe, então, uma tendência à separação, ao nacionalismo, ao sexismo e tudo o mais – assim, a tendência pela construção de muros é bastante forte. A luta é feita contra os poderes que produzem tais condições, mas também contra aquilo em nós que fortalece esses poderes, incluindo a negação e o escapismo.

JB: Concordo. Precisamos desenvolver uma prática coletiva que não olhe para o outro lado – ou que não olhe para cima –, resistindo à colaboração consciente ou inconsciente da destruição. Em certo sentido, nunca precisamos... bem, não sei se isso está certo, mas vou dizer mesmo assim: nunca precisamos tanto de governança global. Governança internacional, assistência médica, preservação climática, direitos de refugiados.

FW: Regulação econômica. Taxação.

JB: Sim, quer dizer, realmente acredito que, quando falamos de vulnerabilidades em comum, ou o que você chama de negatividades comuns, elas carregam diferenças entre si. Ao mesmo tempo, não podemos fazer uso dessas diferenças para negar as comunalidades, pois também estamos falando de uma interdependência global que é – ou deveria ser – quase impossível de negar. Essa interdependência se faz conhecer (ou pode ser conhecida por aqueles que quiserem) nas condições pandêmicas, de mudanças climáticas e de deslocamentos forçados. Somos interdependentes. O que acontece em outro lugar do mundo nos afeta aqui. Ouvimos algo a respeito de um vírus que começou na China. No momento seguinte, ele já está na Itália. E de repente está na França, em Nova York. E eu, trancada em São Francisco.

FW: E até em Ardèche![1]

JB: Sim, em Ardèche. Mas é muito estranho falar de interdependência, porque essa noção não supõe uma dependência íntima no sentido de que dependo dessas pessoas para estar bem, ou dependo delas para me alimentar. Nesse conceito, não há a ideia de uma pessoa que conheço intimamente e, ainda assim, corro riscos de maneira muito íntima. Sinto esse risco como minha realidade

---

1 Região dos alpes franceses notável por suas formações geológicas que datam de mais de 500 milhões de anos, e pelas grutas com inscrições consideradas as mais antigas já encontradas. (N. T.)

íntima. Posso ficar doente ou não, ir ou não a certas cidades. Se vou até essas cidades, preciso de oxigênio. A China é, de fato, duplamente afetada por essa condição: seja pela pandemia, seja pela qualidade do ar. É uma situação de saúde extremamente séria.

E, no entanto, creio que é muito difícil compreender nossa interdependência sem a ideia de uma dependência íntima. Isso ocorre em relação às cadeias de suprimentos – se uma pessoa precisa construir uma casa e não consegue, isso acontece porque o acesso a recursos básicos foi impedido pela pandemia. As condições de trabalho estão intimamente ligadas às condições de saúde. Pergunto-me se, de fato, somos levados por essas condições globais a pensar sobre como podemos pensar a assistência à saúde e às políticas climáticas fora do modelo de Estado-nação, fora do enquadramento nacional. Porque, como você diz, essas fronteiras já não nos protegem como afirmam proteger. Na realidade, elas reproduzem a questão. E a agravam pela produção na desigualdade em uma escala global. Eu gostaria que houvesse um movimento global pela assistência de saúde universal. O que devemos reivindicar, quais seriam os recursos básicos para isso? O que todo e qualquer vivente humano neste planeta precisa? Claro que esse movimento despertaria uma resistência imediata, não apenas nos Estados-nação, mas também das associações médicas e empresas de assistência de saúde, de blocos regionais como a União Europeia, talvez, ou da esfera de influência dos Estados Unidos em certos mercados. Quer dizer, consigo imaginar uma resposta estatal do tipo "não, ninguém pode nos dizer o que fazer. Somos um Estado-nação autodeterminado". E, no entanto, essa noção de autodeterminação deveria ser limitada pelo entendimento de nossa condição de interdependência, compreendida globalmente. Não somos apenas dependentes uns dos outros em relação às nossas práticas: a prática de uma pessoa do outro lado do mundo me afeta. É claro que os centros corporativos e industriais do mundo têm uma responsabilidade específica na destruição climática. Mas também dependemos dos animais e de outras formas de vida. E fazemos parte de um conjunto mais amplo de inter-relações ecológicas que nos movem para além do ponto de vista antropocêntrico, além do Estado-nação como forma definitiva de governança política. Eu me pergunto se algum movimento global capaz de estabelecer uma governança sobre a saúde e a mudança climática vai surgir ou já está surgindo. Não acredito haver outra solução para esse problema. Há uma governança global sobre os refugiados, quer dizer, temos acordos internacionais que os regulam, mesmo quando os países signatários desses acordos não cumprem com seus termos. A União Europeia desrespeita esses acordos a todo momento.

FW: Um movimento global pela saúde me parece muito importante, e fico feliz que você tenha dito isso. O que causa impacto nas pessoas nesse tipo de formulação é que parece muito grande – mas não acho que seja. Por que esse movimento seria grande demais? Nesse sentido, gostaria de trazer um conceito – e não sei se você concorda comigo – que me remete às questões de gênero e de vivibilidade. É o conceito de mínimo. Escrevi um artigo na revista *AOC* durante a pandemia intitulado "*Les* minima *de la vital-démocratie*".[2]

JB: Sim, eu recebi.

2 Worms, *Les* minima *de la vital-démocratie: une orientation politique*.

FW: Certo. E, a meu ver, o conceito do global se liga ao conceito de mínimo.

JB: Diga mais.

FW: Há algo na ideia de Estado global que não parece apenas impossível, mas, de certa maneira, assustador. Se pensarmos nas exigências globais mínimas para a vida aplicadas em todo o mundo por algumas instituições, devemos levar em conta que a vivibilidade é uma condição porque o vivível parece ser, em si, um conceito mínimo.

JB: Sim, verdade. É surpreendente como o mínimo parece tão difícil de alcançar em termos globais.

FW: O conceito mínimo do vivível é muito importante para todas as nossas vidas. Entendo que *Problemas de gênero*, por exemplo, trata da ideia de construir uma vida minimamente vivível para todo tipo de vivente.

JB: Sim, espero que sim.

FW: E isso é revolucionário. O mesmo se aplica à ideia de um movimento global pela saúde. É claro, concordo totalmente. No entanto, eu acrescentaria que a assistência médica universal não é global apenas no sentido de uma extensão geográfica: deve ser global de forma intensiva, em todas as dimensões da vida humana. E se qualquer um quer ter acesso à saúde, precisa de mais que alimentação, água e todo o resto; temos necessidade de conduzir uma vida sexual, uma vida intelectual, uma vida moral e uma vida política.

JB: Sim, muito bem argumentado.

FW: Essa questão, para mim, é muito séria. Por exemplo, na França – e não sei se isso tem acontecido em outros lugares, talvez nos Estados Unidos – as pessoas estão temendo o surgimento de uma pandemia psíquica depois da pandemia viral; uma pandemia depressiva ou, por assim dizer, uma pandemia de saúde psíquica. Temos discutido na França sobre as diferenças entre saúde psíquica e saúde mental, e esse debate talvez lhe interesse.

JB: Sim, com certeza.

FW: Temos, então, essa questão acerca da saúde mental pública e a saúde psíquica pública.

JB: Entendi. Fale mais sobre isso.

FW: É uma questão importante porque, quando falamos sobre saúde universal... na verdade, a definição de saúde da OMS (Organização Mundial de Saúde) é muito interessante: "um estado de completo bem-estar físico, mental e social e não somente a ausência de afecções e enfermidades".

Trata-se, assim, de uma definição bastante global. As pessoas acham que é uma definição fora da realidade – embora não seja. Está fora da realidade no sentido que a felicidade, de fato, não é muito fácil de alcançar. Sabemos que existem condições mínimas em diversas dimensões para que uma pessoa seja feliz. É impossível alcançar esse estado quando cumprimos com apenas algumas de suas exigências. A abordagem de Amartya Sen sobre as capacidades, por exemplo, não está muito distante dessa noção. De uma forma ou de outra, quero dizer que uma argumentação com ênfase no vivível precisa vincular o global ao mínimo.

JB: Sim. Bem, talvez. Isso faz sentido para mim. É curioso que, quando escrevo sobre o vivível, alguns amigos me perguntam: "Ah, isso não é muito ambicioso, certo? Porque não podemos pensar na emancipação?".

FW: As pessoas me perguntam isso o tempo todo! Imagino que para você também, é claro!

JB: Sim. Sabe, eu nunca disse que defendia "apenas o vivível e mais nada". No entanto, essa categoria condiciona todo o resto, certo? Talvez possamos entendê-la como uma obrigação geral de uns com os outros. Quero dizer, não acho que precisamos garantir que todas as pessoas sejam felizes. Esperamos, sim, que elas sejam. Mas a felicidade é algo muito difícil de ser garantido. Suas condições podem ser ampliadas, mas essas mesmas condições não têm o poder de fazer com que a felicidade aconteça.

FW: Sim.

JB: No entanto, ninguém pode ser feliz sem cumprir pelo menos algumas condições de vivibilidade. Sabe, existe um conceito chamado "glocalismo"[3] que é um pouco diferente do que você disse, mas que sugere que o global não pode ser pensado fora de seu funcionamento em determinadas situações locais. Existe, é verdade, uma necessidade global por assistência à saúde, existe uma necessidade global de lutar contra a mudança climática. Podemos também dizer que existe uma obrigação global com os refugiados que ainda não foi cumprida. E o número de refugiados aumenta drasticamente dia após dia, principalmente depois do início da guerra da Ucrânia. No entanto, creio que

3 Os termos "glocal", "glocalismo" e "glocalização" foram mobilizados pelo sociólogo Roland Robertson a fim de pensar a articulação entre movimentos globais com culturas e realidades locais, de forma a preservá-las em vez de substituí-las pelo global. (N. T.)

precisamos nos perguntar como se dá o funcionamento de uma condição globalmente partilhada em escala local, e como isso modifica a própria maneira com que o global aparece. Quando falo de governança internacional, não estou falando de um Estado global. É importante ter em mente que a governança e a formação do Estado podem ser distintas. Assim, é importante questionar as formas institucionais da governança internacional e o que fazer das convenções e contratos assinados pelos Estados, como também são necessárias as redes e instituições transnacionais que escapam ao controle do Estado e que atendem a essas áreas de interesse comum. Por exemplo, um Estado pode ser obrigado a assinar o Acordo de Dublin ou qualquer acordo internacional sobre os refugiados. Mas o sentido dessas assinaturas é imediatamente esvaziado quando essas mesmas nações devolvem os refugiados ao mar. Nesses momentos, as organizações não governamentais assumem responsabilidades globais que foram abandonadas pelo próprio Estado.

FW: Você soube do acordo firmado entre a Ruanda e o governo britânico há cerca de dois anos, que procurava realocar os pedidos de asilo no país?

JB: Sim, uma intensificação do deslocamento.

FW: Incrível.

JB: No entanto, quando um Estado de fato assina esses contratos e convenções, dizem: "nossa soberania termina aqui", ou "aqui está minha assinatura, esse é meu acordo de soberania para tornar-me não soberano nesse aspecto, para ceder ou limitar minha soberania a esse respeito", agindo em conjunto com outros Estados para assegurar direitos fundamentais e atender a necessidades básicas. Em algum momento, Hannah Arendt disse: "Veja, os Estados têm sido frequentemente definidos por sua política externa, pela necessidade de defender suas fronteiras, por exemplo". A necessidade do Estado surge da preocupação de uma política externa ou é imaginada como sua coextensão. No entanto, ela afirma, e se o Estado não fosse nada mais que um conjunto de tratados, convenções e contratos? A principal temática estatal, então, seria a coabitação e a convivência com outros Estados. Esse aspecto do Estado-nação chamava a atenção de Arendt, e por isso ela pensava que fronteiras muito rígidas apenas poderiam reproduzir a apatridia, que a própria ideia de um Estado fundado na identidade nacional só poderia reproduzir a apatridia. Eu me pergunto qual seria a diferença se pudéssemos considerar os governos internacionais a partir das exigências de implementação e organização locais. Não penso, aqui, em uma estrutura de poder feita de cima para baixo que impõe o global sobre o local, e sim em uma congregação que estabeleça as normas – e mesmo as condições de aplicação legal – compreendendo que a implementação sempre diz respeito aos atores locais que trabalham uns com os outros e às normas internacionais de maneiras que fazem sentido para aquela localidade. Assim, há sempre uma prática de tradução entre o global e o local, e ambos os termos estão em constante mudança. Para que a governança internacional funcione, precisa haver maneiras de mitigar o medo de um superEstado que venha a restringir as liberdades ou impor um estilo de vida não desejado.

Tenho lido muito a respeito dos estudos humanitários – que, como campo de pesquisa, existe há apenas dez anos. A lista de livros dessas pesquisas é bastante extensa, mas um dos aspectos com os quais esse campo se compromete é a ideia de que servir certas comunidades não é uma questão de uma imposição da vontade de uma organização internacional sobre as culturas locais, e sim de trabalhar de maneira colaborativa com as pessoas locais que têm agência naquele contexto, no interior do contexto, e que interpretam e implementam determinados tipos de normas em seus mundos localizados, engajados na distribuição e engajando as comunidades locais igualitariamente. São esforços muito evidentes pelo melhoramento das hierarquias que costumamos associar a convenções internacionais, e isso talvez seja diferente do que você afirmou sobre o mínimo. No entanto, se concordamos que existe um conjunto de condições mínimas para a vivibilidade, a questão de como essas condições podem ser implementadas e organizadas permanece sendo uma questão política que talvez não envolva os Estados, certo? E que pode ou não envolver ONGs. Quais são as unidades estabelecidas pelas quais isso funciona, e que tipo de novas estruturas organizacionais isso exige?

FW: Bem, é claro, concordo que é preciso considerar a governança internacional de maneira local. Antes de responder à sua questão sobre como funciona uma condição globalmente partilhada em uma localidade, gostaria de voltar ao problema da agência. Acredito que o que queremos é uma agência mínima para todas as pessoas. No entanto, precisamos ter em mente que, para mim, nem mesmo o mínimo pode ser garantido. Podemos ser privados do mínimo; até o mínimo pode ser destruído.

JB: Sim, entendo. A maneira como o mínimo é expresso ou descrito parece fundamental; pode ser que essa condição não seja tanto uma "necessidade" isolada, e sim um sentido mais complexo do que a vida exige em uma linguagem particular ou um mundo da vida. No entanto, o que chamamos de "mínimo" é fundamental para uma série de outros conceitos e possibilidades políticas e sociais.

FW: Eu diria que mesmo a agência supõe condições mínimas. Isso me remete ao que você comentou que as pessoas costumam dizer a respeito do vivível, que não é o suficiente. Isso é verdade. No entanto, se a vivibilidade é uma agência mínima, então entendemos que é a condição que nos permite ir além, porque permite que as pessoas possam ir além – ir além por elas mesmas, o que é fundamental. Esse é um ponto, porque a questão da agência é extremamente importante, e porque falamos do mínimo e do vivível pensando, sempre, em uma instituição garantidora das condições de vivibilidade para os outros em uma relação, por assim dizer, de cima para baixo. Mas as condições de vivibilidade também exigem certas condições para uma vida subjetiva, o que nos traz de volta ao tema deste livro. Nossa definição anterior de subjetividade mínima, conforme entendi, é daquilo que torna a vida e a morte possíveis, mesmo quando o corpo está vivo. Podemos nos confrontar com situações que são "piores que a vida" ou que evidenciam "a morte na vida". Então, esse é outro ponto. Em algum momento precisamos, por assim dizer, voltar à morte. Como também ao Estado, que eu acrescentaria ao seu argumento sobre as implementações do global, que sugere que as fronteiras do Estado não são meramente externas – acredito, aliás, que isso remete bastante ao seu trabalho. Essas fronteiras são internas.

JB: Sim, isso é muito importante de ser dito.

FW: Se uma pessoa quer se proteger das vulnerabilidades, ela tende a criar uma fronteira ou uma imensa variedade de fronteiras em relação à população, se separando das outras partes. Então, para mim, as condições globalmente partilhadas são locais porque as diferenças nas vulnerabilidades já existem no interior de um só país, de uma só cidade, e até mesmo de uma só rua, entre vizinhos. Acabo de lembrar que uma vizinha minha teve um caso gravíssimo de Covid, e eu nunca soube. Ela simplesmente desmaiou no apartamento ao lado. Pode haver pessoas com diabetes ou doenças crônicas vivendo na sua rua.

JB: Em sua rua, e você não sabe.

FW: E você não tem como saber.

JB: Sim, porque existe de fato uma partilha, seja material ou não.

FW: E, então, você efetivamente percebe a falta de "cuidado".

JB: Sim. Você faltou com cuidado, porque as condições para o cuidado não foram estabelecidas. Ninguém teve cuidado suficiente para estabelecer essas condições.

FW: Sabe, na França há uma associação para as pessoas em tratamento de diálise. É uma associação muito forte, chamada Renaloo. E as pessoas representadas por ela, pessoas em diálise, estão confinadas. Ainda estão em confinamento. Para elas, não há como sair de casa.

JB: Nenhuma emancipação para elas.

FW: Então, as fronteiras também estão do lado de dentro. Mais um exemplo: nesse final de semana, li uma matéria escrita por uma mulher negra. Ela dizia: "Pensar em não votar semana que vem – não votar contra Marine Le Pen – é um luxo de homens brancos. Como mulher negra, não posso sustentar isso, porque sei que isso piorará nossa situação de maneiras muito concretas".

JB: Nossa, "não posso sustentar isso". Sim, é muito interessante a pergunta sobre quem pode sustentar a possibilidade de não votar.

FW: A situação não é nada favorável, mas, se as pessoas não forem às urnas, vai piorar. E se você for um homem branco, pode ser que sua vida não mude muito no governo de Marine Le Pen. Porém, se você faz parte da juventude negra, a presença policial torna uma viagem de metrô uma experiência muito mais difícil. Hoje, se um policial afirma "eu agi em legítima defesa", será instaurado um inquérito. Le Pen acaba de afirmar que revogaria os processos em casos de legítima defesa. Ela disse que consideraria que, *a priori*, um policial já age em legítima defesa.

JB: Meu Deus.

FW: Independentemente do que você faça, um policial pode atirar. Como policial, *per se*, eles supostamente estão agindo em legítima defesa. Isso não pode ser afirmado *a priori*, porque precisa ser verificado e declarado em um processo, em um tribunal, nos termos do Estado de direito. Então, associo essa fala de Marine Le Pen à afirmação daquela mulher negra: "Vocês pretendem não votar semana que vem? Isso é um luxo de homem branco".

JB: Sim, é interessante.

FW: E associo isso às condições locais e globalmente partilhadas a partir de dentro: porque a pandemia está dentro de nós, a mudança climática está dentro de nós, e há desigualdades evidentes nos casos das pessoas que, por exemplo, moram nos arredores de usinas nucleares. Tenho uma casa na Normandia que fica perto de uma usina, e, como parte da população local, fui recentemente orientado a tomar comprimidos de iodo para me proteger dos efeitos da radiação. Essa, então, é uma vulnerabilidade local...

JB: Sim, exatamente!

FW: ... se você vive na França. Existem usinas nucleares por todo o país.

JB: E por toda a Europa.

FW: Então, é assim que vejo as condições globalmente partilhadas nas localidades.

JB: Sim. No entanto, é interessante olhar para além do ponto de vista de uma vida pequena em um mundo relativamente privilegiado para perceber que o risco tão perto de nós, o problema com o solo do vizinho ou a pessoa em diálise são, todos, repetições do que vem acontecendo em outros lugares do mundo de maneiras mais intensificadas. Permitir que o local se torne generalizável, tornar-se parte de uma condição generalizada sobre a qual todos devem poder deliberar, também significa perguntar como as políticas gerais podem ser mais bem implementadas e como evitar as formas previsíveis de paternalismo. É difícil pensar em uma estrutura de governança internacional sem paternalismo, mas creio que isso precisa ser feito.

Gostaria de lhe fazer uma pergunta que talvez nos leve a concluir esta conversa. Nos Estados Unidos, em um dos piores momentos da pandemia, havia sempre pessoas que diziam: "Bom, não vou usar máscara", ou "Não vou seguir nenhum protocolo de segurança, porque isso é uma questão de liberdade pessoal, e esta é minha vida".

FW: Sim, a liberdade foi uma palavra de ordem na pandemia.

JB: Sim, sim. E "essa é minha vida". Isto é, uma vida separada das outras.

FW: "Minha vida". E, também, "me deixe morrer se eu quiser".

JB: "Me deixe morrer se eu quiser". Mas geralmente essas pessoas não levam em conta que talvez tenham deixado outras pessoas morrerem, certo? Poderiam estar espalhando um vírus letal para as pessoas vulneráveis, ou para a avó de uma pessoa que poderia ser afetada. Acredito, então, que há um tipo de pulsão de morte em funcionamento na ideia de liberdade pessoal. No entanto, a pulsão de morte também age com frequência de maneiras fugitivas,[4] ligadas a algo para além dela que não se parece com a morte – e que poderia até ser chamado de vida.

FW: Exato.

JB: Assim, essa é a situação em que vivo. Eu poderia ter uma arma. Poderia matar qualquer um, qualquer um que invada a

---

4 "[...] *acts in a fugitive way.*" Ao se referir a maneiras fugitivas, Butler remete à noção de "fugitividade", presente em sua obra, especialmente em *Que mundo é este? Uma fenomenologia pandêmica*. Ao empregar esse termo – cuja tradução já estabelecida remonta aos *black studies* e ao legado multifacetado das práticas de fuga no contexto da escravidão –, Butler não o compreende apenas como deslocamento espacial ou geográfico, mas como abertura para outras possibilidades de movimento, a recuperação de uma mobilidade criativa e experimental diante das clausuras do colonialismo. A esse respeito, ver: Zampieri; Galdino, De volta à fenomenologia, de encontro ao mundo, mais uma vez. In: Butler, *Que mundo é este? Uma fenomenologia pandêmica*. (N. T.)

minha propriedade, ou mesmo aqueles que acho ou imagino que invadiriam. Minha propriedade é minha personalidade, e minha autodefesa se estende à minha propriedade. Da mesma forma, uma pessoa pode reivindicar a sua vida para dizer "esta vida é minha", "não vou usar a máscara por motivos de saúde pública". E, como uma extensão de minha liberdade pessoal, sou livre para infectar todos e sinto muito se essas pessoas morrerem. Sinto muito se eu mesmo morrer. Essa é minha vida. Pelo menos, vou morrer livre. É assim que soa, para mim, nessas condições, a pulsão de morte na liberdade pessoal.

Então, creio que essa pergunta é para você. Seria possível fazer uma distinção entre o vitalismo crítico e não crítico a partir das diferentes formas de agir de acordo com um sentido de vida, agir de acordo com um princípio de vida? Porque as pessoas que dizem "esta é minha vida, faço o que quero, mesmo que isso mate outras pessoas ou arrisque minha própria vida" estão, provavelmente, nas mãos da pulsão de morte, prejudicando outras em nome da vida. De certa forma, isso é a vida para elas. Certo? No entanto, a noção de vida relacionada a uma vulnerabilidade em comum, à interdependência, estabelece o mínimo do que se exige para a vivibilidade – e isso é parte do que você chama de vitalismo crítico. Talvez seja estar ciente das maneiras falsas com que essa falsa reivindicação de vida pode aparecer. A meu ver, para se opor a essa reivindicação, é preciso insistir no fato de que a própria vida deve ser compreendida menos nos termos de uma liberdade pessoal exercida à custa dos outros e mais em termos do que chamo de interdependência ou do que você chamaria de ética do cuidado. Mas gostaria de ouvir o que você tem a dizer sobre isso.

FW: Bem, muito obrigado, porque isso nos traz de volta à questão central de nossa conversa, e é importante que não a evitemos na conclusão que fazemos aqui. Claro, não sei o que é a vida. O primeiro gesto do vitalismo crítico é criticar qualquer tipo de conceito independente de vida. Apenas sei o que é vida em oposição à morte. E o gesto do vitalismo crítico é uma crítica em pelo menos dois sentidos: primeiro, a vida sempre deve ser entendida em oposição a alguma outra coisa (deve ser criticamente distinta do que se opõe a ela); segundo, qualquer tendência de ir além dessa oposição também deve ser criticamente questionada. Como em qualquer filosofia crítica, para além de certo limite há, por assim dizer, um delírio. E ir além de um tipo de oposição entre vida e morte – a vida oposta à sua interrupção, à sua negação, é um polo negativo – supõe, como diria Kant em sua *Crítica*, ir ao encontro de uma dialética transcendental ou uma ilusão. Então, no momento em que você pensa a vida sem a oposição em relação à morte, está em um domínio ilusório. Um conceito crítico de vida nunca poderia levá-lo a dizer "sinto muito se eu morrer" no sentido de "quem liga?" – no sentido que se associa à pulsão de morte.

JB: Sim, concordo.

FW: E a pulsão de morte é justamente outra dimensão do vitalismo crítico[5] na medida em que vivemos contra a morte como um inimigo interno – ou seja, não apenas como um risco externo, mas

5 "*Critical living*" – acreditamos ter havido um equívoco no uso da expressão "*critical living*", que literalmente seria "vida crítica". Como durante todo o texto Worms se refere ao conceito de "vitalismo crítico" ["*critical vitalism*"], optamos por manter coerência com a argumentação apresentada pelo autor, que em nenhum momento se refere a uma "vida crítica". (N. T.)

como um adversário interno. Portanto, nunca deixamos de lutar com esse critério interno de viver contra algo que nos impele, mesmo em nome da vida, em direção à morte. E, claro, sabemos que as religiões do amor podem promover o ódio se elas defendem o amor sem uma briga interna contra o ódio. Sabe, será que, da mesma maneira que não há uma forma de amor pura sem ódio, não pode haver vida sem uma pulsão interna para a morte?

JB: Sim, mas às vezes a pulsão de morte interna chama a si mesma de vida.

FW: É verdade. E a pulsão interna de ódio chama a si de amor. Você odeia em nome do amor porque você odeia em nome do amor sem um contrário. Porque o amor sem um contrário nos leva, de certa forma, ao ódio.

JB: Sim, entendo o que você quer dizer.

FW: E quando você esquece esses contrários, corre o risco de cair em uma unidade abstrata que é destrutiva. E, claro, nesse caso você nunca diz "sinto muito" se as pessoas estão morrendo – "sinto muito" no sentido de "quem liga?". Porque realmente sentimos muito se as pessoas morrerem, e não no sentido de "não ligo". Essa é uma expressão muito interessante, porque você diz que sente, mas, na realidade, neutraliza esse sentimento. Acredito, realmente, que temos a distinção entre a vida e a morte como um critério definitivo. Acabo de escrever um artigo sobre isso no *Liberation*, a respeito das eleições, comparando-as com as questões definitivas de escolhas de vida-ou-morte: eutanásia e coisas do tipo, e o conceito de "pior que a morte" de Adorno, Derrida e Lyotard. A meu ver, quando Derrida e Lyotard disseram que há situações "piores que a morte", essa comparação torna a morte algo relativamente bom, como algo oposto ao que é "pior que a morte".

Isso não torna a morte mais fraca como um critério de distinção entre o que está adoecido e o que é bom. Mas isso mostra que existem situações que podem ser piores que a morte, o que significa que a morte continua sendo o critério mesmo para algo que seja pior que ela. Entende o que quero dizer? A morte, assim, é a questão. No momento em que se permite uma morte que poderia ser evitada, seja a morte de uma pessoa ou de outra, o sentido de vida em geral é posto em contradição. Acredito que isso seja, por assim dizer, uma traição em geral... mas uma violação em geral que é também uma derrota. Como, então, reintroduzimos seu conceito de luto ou enlutabilidade? Reintroduzimos essa noção como um critério para a vida – uma vida que deve ser considerada enlutável – no momento em que se percebe uma morte que permanece não marcada ou não considerada como um todo, uma vida cuja perda não produz luto. E não produz... para mim, seu trabalho sobre a enlutabilidade supõe um conceito literal. Não é uma metáfora.

JB: Sim. Poderia falar mais?

FW: Essa é uma abordagem crítico-vitalista, porque põe a vida no contexto das relações ético-políticas, que são seu lugar de origem.

JB: São seu lugar de origem no sentido que estão onde deveriam estar.

FW: E a perda e o luto... o luto é uma experiência tipicamente crítico-vitalista. Quando se vive o luto de uma pessoa, você não está morto. O outro está morto.

JB: Certo. O luto é a prerrogativa dos viventes.

FW: E a morte de uma pessoa tem efeito sobre a vida de outra. Mas, é claro, o luto é o oposto do nascimento, as boas-vindas que damos a novas vidas. O nascimento é também uma situação em que uma vida tem efeito sobre outra. E que pode e deve ser oposta ao luto, pode e deve ser um tipo de boas-vindas. Assim, acho que você está certa em trazer a pulsão de morte de volta à nossa conversa. Não falei a respeito da liberdade pessoal, mas, claro, é a mesma coisa. Em nome da liberdade se pode destruir tudo, ao passo que a liberdade é realmente sentida quando ameaçada. Existe um risco aí, porque a ideia de liberdade que você mencionou trata minha vida – e a vida em geral – como um tipo de propriedade, enquanto a vida é... eu não sei o que a vida é. Sei o que é cuidado dos viventes. Mas não posso saber o que é minha própria vida. Minha própria vida.

JB: Sim, sim.

FW: "Esta é minha vida" – como se a vida fosse um bem que você pode usar e dispor – um bem objetivo. Onde ela está, então? Me mostre a sua vida!

JB: Ah! Sim, sim.

FW: Quero fazer algo a respeito de minha vida. Ok. Onde ela está? Decore a vida, construa a vida. Não, isso não é possível. A vida é feita de histórias... quando se diz "esta é minha vida", isso é, a meu ver, muito mais uma retrospectiva crítica sobre uma história. "Esta é minha vida com seus equívocos, seus erros, suas fragilidades, seus crimes e alegrias." Não se diz "esta é minha vida e eu faço o que quiser com ela", e sim "esta é minha vida. Preciso assumir responsabilidade por ela". Eu não a possuo, mas sou responsável por ela.

JB: Sim, e isso nos leva para além da posse e da propriedade. Mas é preciso, em certo sentido, liberar a vida dessas categorias – e talvez, Frédéric, seja isto que você está fazendo –, é preciso emancipar a vida da propriedade e da liberdade individual baseada na ideia da vida como propriedade, na ideia de que é possível usá-la como bem entender. E, talvez, o que você está nos convocando – e concordo com você nesse ponto – é a uma compreensão mais relacional da minha vida, da sua e das nossas vidas, das vidas dos outros, cientes de que a vida nunca pode ser vivida ou bem vivida sem o entendimento das possibilidades de morte e destruição que nos antecedem, como uma luta que define o vivente. Não podemos deixar a morte e a destruição de lado quando pensamos sobre a vida, seja a minha, a sua ou de quem quer que seja. Ou não podemos desenvolver uma ideia de vida predicada em uma negação psicológica da morte. Precisamos nos opor às forças da morte para estabelecer as condições de vivibilidade, não apenas para mim, mas para todas as pessoas.

FW: Certo. É como criticar certos usos e conceitos de vida sem renunciar ao que faz com que a vida seja vivível...

JB: Certo.

FW: Não posso fazer isso sem viver.

JB: Não, você não pode. E nem deve.

FW: E quem pode?

Paris, abril de 2022.

Referências bibliográficas

BUTLER, Judith. *A força da não violência*: um vínculo ético-político. Tradução: Heci Regina Candiani. São Paulo: Boitempo, 2021. [Ed. ing.: *The Force of Non-Violence*: An Ethico-Political Bind. Londres: Verso, 2020.]

______. *A vida psíquica do poder*: teorias da sujeição. Tradução: Rogério Bettoni. Belo Horizonte: Autêntica Editora, 2017. [Ed. ing.: *The Psychic Life of Power*: Theories in Subjection. Stanford, CA: Stanford University Press, 1997.]

______. *Corpos em aliança e a política das ruas*: notas para uma teoria performativa da assembleia. Tradução: Fernanda Siqueira Miguens; revisão técnica: Carla Rodrigues. Rio de Janeiro: Civilização Brasileira, 2018. [Ed. ing.: *Notes Toward a Performative Theory of Assembly*. Cambridge: Harvard University Press, 2015.]

______. *Desfazendo o gênero*. Coordenação de tradução: Carla Rodrigues. São Paulo: Editora Unesp, 2022. [Ed. ing.: *Undoing Gender*. Nova York: Routledge, 2004.]

______. *Despossessão*: o performativo na política (Conversas com Athena Athanasiou). Tradução: Beatriz Zampieri. São Paulo: Editora Unesp, 2024.

______. *Problemas de gênero*: feminismo e subversão da identidade. Tradução: Renato Aguiar. Rio de Janeiro: Civilização Brasileira, 2023.

[Ed. ing.: *Gender Trouble*: Feminism and the Subversion of Identity. Londres: Routledge, 1990.]

______. *Quadros de guerra*: quando a vida é passível de luto? Tradução: Sérgio Tadeu de Niemeyer Lamarão e Arnaldo Marques da Cunha. Rio de Janeiro: Civilização Brasileira, 2015. [Ed. ing.: *Frames of War*: When Is Life Grievable? Londres e Nova York: Verso, 2016.]

______. *Vida precária*: os poderes do luto e da violência. Tradução: Lieber Andreas. Belo Horizonte: Editora Autêntica, 2019. [Ed. ing.: *Precarious Life*: The Powers of Mourning and Violence. Londres: Verso, 2004.]

CANGUILHEM, Georges. *O normal e o patológico*. Tradução: Maria Thereza Redig de Carvalho Barrocas. Revisão técnica: Manoel Barros da Motta. Tradução do posfácio de Pierre Macherey e da apresentação de Louis Althusser, Luiz Otávio Ferreira Barreto Leite. 6.ed. rev. Rio de Janeiro: Forense Universitária, 2009. [Ed. franc.: *Le Normal et le Pathologique*. Paris: PUF, 1943/1966.]

FASSIN, Didier. *Life*: A Critical User's Manual. Cambridge, U.K.: Polity, 2018. [Ed. franc.: *La Vie*: Mode d'emploi critique. Paris: Seuil, 2018.]

WEIL, Simone. *Espera de Deus*: cartas escritas de 19 de janeiro a 26 de maio de 1942. Tradução: Karin Andreade Guise. Petrópolis, RJ: Vozes, 2019. [Ed. franc.: *Attente de Dieu*. Paris: Colombe, 1951.]

WORMS, Frédéric. À quel soin se confier?. In: MARIN, Claire (dir.). *À quel soin se fier? Conversations avec Winnicott*. Paris: PUF, 2015.

______. La vie dans la philosophie du XXe siècle en France. *Philosophie*, v.109, n.2, p.74-91, 2011.

______. *Les Maladies chroniques de la démocratie*. Paris: Desclée de Brouwer, 2017.

______. *Les* minima *de la vital-démocratie: une orientation politique*. MSH Paris-Saclay, 11 fev. 2022. Disponível em: https://msh-paris-saclay.fr/publication/les-minima-de-la-vital-democratie-une-orientation-politique/. Acesso em: 16 jul. 2025.

______. *Pour un humanisme vital*: lettres sur la vie, la mort et le moment présent. Paris: Odile Jacob, 2019.

______. Pour un vitalisme critique. *Esprit*, jan., n. 1, 2015.

______. Qu'est-ce qui est vital. *Bulletin de la Société Française de Philosophie*, 2007.

______. *Revivre*. Paris: Flammarion, 2012.

______. *Soin et politique*. Paris: PUF, 2012.

ZAMPIERI, Beatriz; GALDINO, Victor. De volta à fenomenologia, de encontro ao mundo, mais uma vez. In: BUTLER, Judith. *Que mundo é este?*: uma fenomenologia pandêmica. Coordenação de tradução: Carla Rodrigues. Belo Horizonte: Autêntica, 2022.

SOBRE O LIVRO

Formato: 13,7 x 21 cm
Mancha: 23,4 x 38,6 paicas
Tipologia: Venetian 301 12,5/16
Papel: Off-white 80 g/m² (miolo)
Cartão Triplex 250 g/m² (capa)

1ª edição Editora Unesp: 2025

EQUIPE DE REALIZAÇÃO

Edição de texto
Jennifer Rangel de França (Copidesque)
Carmen T. S. Costa (Revisão)

Capa
Marcelo Girard

Imagem de capa
Garota carregando criança de colo pelas ruínas no novo campo de refugiados de Amã após os conflitos de setembro de 1970. Foto © George Nehmeh/UNRWA [CC BY-SA 3.0 IGO], via Wikimedia Commons.

Editoração eletrônica
Sergio Gzeschnik

Assistente de produção
Erick Abreu

Assistência editorial
Alberto Bononi
Gabriel Joppert

Rettec artes gráficas e editora

Rua Xavier Curado, 388 • Ipiranga - SP • 04210 100
Tel.: (11) 2063 7000
rettec@rettec.com.br • www.rettec.com.br